JN062964

教育フォーラム*69*
JAPAN SOCIETY OF HUMANISTIC EDUCATION

基礎・基本に立ち返る

梶田叡一◎責任編集
日本人間教育学会◎編

金子書房

教育フォーラム69

特集◎基礎・基本に立ち返る

C O N T E N T S

特集◎基礎・基本に立ち返る

特　集

基礎・基本に立ち返る

特集◎基礎・基本に立ち返る

●

学校教育の基礎・基本とは何か

●

梶田 叡一〇かじた　えいいち

　学校の教師は多忙である。「働き方改革」が強く言われるゆえんである。その多忙な中で，無理をしてでもやらなくてはならない課題は何か，一応のこととしてサッとやっておけばいい課題は何か，という軽重の別をはっきり意識していないと教師は身が持たない。過労からうつ病になってしまう恐れもある。また，軽重の別を意識しないまま「働き方改革」の方にばかり気持ちがいくと，やってる仕事の全てが中途半端なものになってしまう恐れもある。

　教師の本務である授業だけを取り上げてみても，教科書に載せられている事がらを万遍なく教えていくといったことでは，内容が過重と言われるほど多く詰まっている今日，児童生徒が分かっているかどうかに関係なく，まさにかけ足で進んでいくしかない。こんなことでは児童生徒に学力がついていくはずがないであろう。

　児童生徒の側でも，やるべきことの軽重の別は重要である。学校で配られる教科書も内容豊富で，しかも何冊も何冊もある。授業中に先生から課される課題がたくさんあるだけでなく，授業外での係活動とか課外活動も，なかなか大変である。家庭に帰ってからも，塾に行ったり習い事をしたりしている子ども

が少なくない。児童生徒一人一人にとっても，何よりもまず力を入れるべきことは何なのか，一応やっておけばいいといった程度のものは何なのか，区別して取り組んでいかないと，いつも「やらされ感」に侵され，気持ちに余裕のない状態が続くことになり，主体性や積極性と無縁の生活を送ることになるであろう。

　こう考えていくだけでも，学校教育の基礎・基本として何が本質的な意義を持つ重要不可欠なものなのか，教師も親も児童生徒本人も常にこだわっていかねばならないであろう。

【学校教育の２つの基本任務：自己を生きる力と社会を生きる力の双方を育成】

　最も巨視的なレベルで学校教育が果たすべき基本任務を考えるなら，何よりもまず，一人一人の子どもが自分に与えられた生命を充実した形で生きていくための，自分の独自固有な人生を自分の責任で生きていくための，基礎作りということであろう。学校教育を通じて，一人一人の子どもが自己の〈我の世界〉をより良く生きていけるための基盤を育成していかなくてはならないのである。

　ここで必須の意味を持つのが，⑴自分自身の主人公になること，⑵自信と自己受容性を身につけること，⑶豊かな感性の涵養に努めること，⑷他の人の気持ちを分かり大事にする共感・同情の能力を涵養し，協調・協同に努めること，⑸自分自身を常に成長させていこうとする向上心・自己成長性を持つこと，であろう。

　自分自身の主人公になるためには，その時その場での自分の思いや喜怒哀楽に流されないようにしなくてはならないし，周囲の人たちや状況に流されるままになることを回避しなくてはならない。そのためには，自分自身を客観的に見る習慣を持つこと，そしてTPO（時・場所・場合）に応じて自分自身を統制する力を付けること，自分の実感・納得・本音を大事にし，そこに根ざして判断し行動する習慣を持つこと，等が必要となる。教師は折にふれてこうした面での助言や指導をやっていかなければならないであろう。また，自分でじっ

くり考えることをしないで「正解」とされていることにすぐ飛びつくようなことがあったり，周囲の人たちにすぐに付和雷同するようなことがあったり，教師に対して迎合追従する態度があったりした場合にも，上手にたしなめ指導していく必要があるであろう。

　自信と自己受容性は，何よりもまず，常にチャレンジ精神を持って物事に取り組み，最後までやりとげて「自分でもやればやれる」といった自己効力感を味わうことの積み重ねによって育っていく。また，良い点や上手くいったことを親や教師が認めてくれ誉めてくれることによっても自信と自己受容性は強化される。さらには，周囲の人との間で互いに受容し合うといった暖かい関係性を育てていくことによって自信や自己受容性は維持されていく。教師として指導していく上で常に頭に置きたいポイントである。

　豊かな感性は，何よりもまず多様な体験の積み重ねによって培われていく。学校でも家庭でも，子どもが興味を持ちそうな体験の機会をできるだけ多く準備したいものである。また，読書や映画，テレビのドキュメンタリー番組等を通じての追体験や間接体験も，感性の陶冶にとっては大事な意味を持つ。教師は視野を広く持って，こうした面での助言や指導を心がけていかなくてはならないであろう。

　他の人に対する共感・同情の能力を持ち，協調・協同に努める習慣は，人が社会的動物である以上，生きていく上で必須のものである。これらが身についていくためには，自分の世界だけに閉じこもり，何事も自己中心的に考えてしまう習性を克服していかねばならない。教師は，子どもの我が儘や自分勝手，独りよがり，等々を見てとって指導し，自分の周囲にいる友だちなど他の人の気持ちを思い遣ることの大事さを，事あるごとに言っていかねばならないであろう。

　そして向上心・自己成長性である。これは，誰かと自分を比較して，その人よりも優れた成績を取りたいとか，競争して勝ちたいとかといった気持ちを持つことではない。自分自身を振り返って，以前より良くなった，上手くできるようになった，深く広く考えられるようになった，等々ということを感じ取り，

それをバネにし支えにして，より一層自分を向上させていこう，という気持ちになることである。こうした力を育てていく上でも，教師が認めてあげること，そして励ましてあげること，が大きな力となるであろう。

　こうした習慣や力はいずれも，子どもが成人し，自分自身の力と責任で自分自身の人生を歩んでいく際の基盤となるものである。学校が真の教育機関であるとするなら，こうした形で児童生徒が自分自身の〈我の世界〉を育てていくよう，粘り強く指導し支援していかなければならない。

　もう一つ考えておくべき学校教育の主要任務は，将来一人一人が現実社会に参画し，そこで一定の役割を果たし，他の人たちに寄与していくための力をつけることである。これは一人一人が〈我の世界〉を生きていく力を身につけること，と言ってもよい。このためには，(1)TPOをよく弁（わきま）え，その時その場での自分の役割に相応しい言動ができるよう現実認識と自己統制の力を養っていくこと，(2)学校を卒業した後，自分はどのような役割をこの社会で果たしていったらいいのか，自分自身の興味関心や適性をもよくよく考えて自分の社会的進路についてのイメージを固めていくこと，(3)自分が社会に出てから果たしていくべき役割のために，どのような知識や能力，基本姿勢，そして社会的資格が必要になるかをよく考え，そのための努力をすること，であろう。

　TPOを弁えた現実認識と自己統制力の育成は，その場その場に合った態度をとり言動をするトレーニングから始まる。これは，日本の学校では伝統的に重視されてきたところであり，挨拶の励行，友だちに対する言葉づかいと教師など目上の人に対する言葉づかいの使い分け，はしゃいでいい場と静かに秩序正しく行動する場の峻別など，小学校から高校・大学まで何らかの形での指導がなされるのが普通である。こうした点をないがしろにして，子ども自身の判断に委ねておいたらいい，とする「物分かりのいい」教師が時に見られるが，教育者として不見識であり不適格と言わねばならない。

　自分自身の特性に合った社会的進路はどのようなものかについては，小学校高学年あたりから少しずつ考えさせる必要があるであろう。自分が大人になってからの社会的な活動について憧れや夢を持つことも大事であるが，それがそ

のまま実現することは実際問題として困難な場合もある。自分の手の届く所にありそうな進路，自分にもきちんとこなせそうな役割，自分が喜んでやっていけそうな仕事，でなくてはならない。そうした自分自身に合った社会的進路を，中学，高校，大学と進んでいく中で何とか見つけていかなければならないのである。教師のアドバイスと支援が大事な意味を持つのではないだろうか。

　それと同時に，自分に合った社会的進路を実現するために必要とされる能力や資格は何であるのか，その進路を実現するために高校や大学で特別なコースを取らなくてはならないのか，等といったことを認識していかなければならない。こうしたことを含めて，自分の望む社会的進路に実際に就くためにはどのような勉強が必要とされるのかをはっきりと理解し，その方向での勉強や訓練を着実にやっていかなくてはならないであろう。この点に関しても，教師の助言と指導は大事な意味を持つであろう。

　学校教育の持つこうした2つの基本任務について，我々は以前から「学力保障と成長保障の両全」という形で強調してきた。子どもと毎日毎日向き合う中で，教師は子どものこうした2つの面での成長・発達を常に見守り，必要な助言と指導をしていかなくてはならないのである。

【教育内容の基礎・基本：読み・書き・タブレット】……………………

　江戸時代の寺子屋の教育に典型的であるが，日本の伝統的な教育内容の基本的な柱になってきたのは「読み・書き・そろばん」であった。これらを十分にマスターしていくことによって，あらゆる領域についての学びに進むことができる，ということであったのである。現代の学校でも，基本的には同じである。ただ情報化が進行した現代社会では，GIGAスクールが言われているように，「そろばん」の代わりに「タブレット」に代表される情報機器を使いこなすことが大きな意味を持ってくるであろう。

　「読み・書き」の力をつけていくことは，文字という形で整えられた言葉を使ってのコミュニケーション能力を身につけていくことである。これによって古今東西の優れた人の知的営為や体験を，文字として表現されたものを通じて

自分自身のものとし，自分自身の必要のために活用することが可能になる。また，自分自身の知的営為や体験を文字の形で表現する術をマスターしていけば，他の人に自分の世界を提示して対話を進めることも，また他の人に自分の思考や体験を参考にしてもらうことも可能になる。しかしそれだけではない。「聞く・話す」力を的確な形で用いていけるようになるためにも，「読み・書き」の力を着実につけていくことが大きく寄与するのである。こうした言葉の力を用いて我々は自己内対話を行ったり他の人との対話を行ったりして考え，問題の解決を探っていくことになるわけであるから，思考力や問題解決力の育成にとっても，「読み・書き」の力をつけていくことは必須の意味を持つ。10年前の学習指導要領改訂でも，今回の学習指導要領改訂でも，「言葉の力」があらゆる教科・領域の学習にとって基盤的なものであるとして重視されたのは，このためである。

　数的に表現されたものについて計算等の処理をする道具が，昔はそろばんであった。しかし今では，旧来のそろばんの機能も含め，広範で高度な情報処理を可能にする道具が，タブレットに代表されるICT機器になっている。タブレット等を十分に使いこなす力がついていけば，これからの学習は大幅に効率化され高度化されることになるであろう。

　「読み・書き・タブレット」の力を，国語科だけでなく，どの分野の学習においても基礎・基本として重視していかなくてはならないのである。

【授業展開の基礎・基本：中核目標と基礎目標，前提目標と発展目標】

　授業は，当然のことながら，予定通り教科書をこなしていけばいい，予定の活動をともかくもやっていけばいい，というものではない。今日のこの授業を通じて，またこの単元の何時間かの授業の積み上げを通じて，目の前の児童生徒にいったい何を獲得させるのか，どのような力の積み上げを図っていくのか，という目当てをはっきり持ち，そうした目標に焦点づけられた活動にしていかなくてはならない。

　我々は先に触れた「学力保障と成長保障の両全」を授業レベルで実現してい

くために，単元レベルでの目標分析によって目標の明確化・焦点化・構造化を図ることを重視してきた。具体的には，10時限前後で扱う「単元」を基本単位として，次のような取り組みをしてきたのである。

⑴　その単元で最小限・最低限実現させるべき主要な学習目標を，1〜3時限程度の小単元ごとに，「知識・理解」「活用」「関心・態度」「体験」といった視点から洗い出してみる，といった目標分析を行う。

⑵　目標分析に基づいて，単元全体の最終的な教育成果として実現すべき1〜2個の目標を考え，それを中核目標として設定する。そして，中核目標を実現していくための主要な6〜8個の目標を基礎目標として設定する。さらに，その単元での学習の前提として不可欠と考えられるものを既習事項の中から1〜3個選び出して前提目標とする。そして，その単元での中核目標が達成されたならば次のステップとして取り組みたい目標1〜2個を発展目標として設定する。こうした諸目標を，相互関連性の深いものを結び合わせる形で図式的・構造的に示したものが目標構造図である。

⑶　この目標構造図に基づいて，単元指導計画を作成するわけであるが，このためにはまず指導順路案を作成し，それに肉付けする形で各授業時限ごとの授業案を作成する，といった手順をとる。

⑷　こうした準備をした上で，実際の授業においては，基本的には本時の授業案を土台としながらも，脱線を恐れず臨機応変に生き生きした形で展開するように心がける。

こうした考え方に基づく実践的取り組みを，1970年代後半から今日まで，各地の熱心な小学校や中学校で，時には高等学校においても，実践されているところである。現在でも仙台の聖ウルスラ学院英智小中学校では多くの教師がこうした手法を実践しているので，具体例については，この学校のレポート類を参考にしていただきたいと思う。

　以上，学校教育における基礎・基本として認識すべきところ，教育実践の中で焦点化して取り組むべきところを，まず学校の基本任務という大きな視野の

下で，次いで具体的なカリキュラムの全体構造を支えるものという視点から，そして単元としての見通しを持ちつつ各授業時限で追求していくべき目標を明確にするという視点から，学校教育の基礎・基本として考えるべきところを述べてきた。こうした形で考えていくならば，さまざまな教育活動の中で特に力を入れて取り組むべきものが見えてくるのではないだろうか。

　メリハリのきいた教育実践を進めていきつつ，望ましい教育成果をどの子の上にも責任を持って実現していく，という教育的な取り組みが，全ての学校の全ての教室において現実のものになっていってほしいものである。

文献

梶田叡一『基礎・基本の人間教育を』金子書房，2001

梶田叡一『教師力の再興——使命感と指導力を』文溪堂，2017

梶田叡一『教育評価を学ぶ——いま問われる「評価」の本質』文溪堂，2020

特集◎基礎・基本に立ち返る

●

学力の基礎・基本としての〈言葉の力〉を

●

鎌田 首治朗○かまだ しゅうじろう

1 基礎・基本

言葉の力は学力の基礎・基本……………………………………………………………

　前学習指導要領（平成20・21年改訂）は言語に関する能力の育成を重視した。それは改訂学習指導要領においても受け継がれ，各教科等における言語活動の充実，国語科における言葉の働きや語彙に関する指導の改善・充実，さらには情報の扱い方に関する事項の新設も行われるなど，言語能力の育成を重視している。ここには，言葉の力が全ての学習の基盤となること，つまりは「学力の基礎・基本に言葉の力がある」という認識が示されている。

基礎・基本とは……………………………………………………………………………

　では，基礎・基本とは何なのであろうか。

　たとえば，「基礎とは土台，基本とは柱」という基礎・基本のとらえ方がある。土台の弱い家が，地震や強風，大きな嵐から住人を守りきれるはずはない。人

間としての土台が弱いと人生を生きる力が弱くなる，ということである。家は，柱がちゃんと立っていてこそ床や壁，屋根などを支えることができる。柱があってこそ，梁や筋交いを渡すこともできる。その大事な柱がちゃんと立っていない人間は，梁や筋交いの渡っていない，床や壁，屋根のぐらぐらしたひ弱な家，といえる。それでは，長い人生につきものの強い逆風や大きな揺れにはひとたまりもなく，人生を自分らしく主体的に生き抜いていくことは難しい。

基礎・基本は幹

「学習指導要領の内容は基礎・基本である」という基礎・基本のとらえ方がある。ここで注意したいのは，内容には幹と枝葉があるということである。幹とは，習得しておかないと学習者がその後困ってしまう学習内容のことである。

たとえば，その典型が算数の九九である。算数の九九を必死で指導しない教師は，この日本にはいない。それは，日本の教育，日本の教師の優秀さを示すものといえる。自分が受けてきた教育を背景に日本の教師は，九九が大いなる幹であることを強く認識できている。「九九を習得しておかないと，その子が先々困ってしまう」ということを，日本の教師はわかっているのである。本稿では，この幹を基礎・基本としてとらえることとする。

本稿で述べる基礎・基本とは，この習得しておかなければ学習者が将来困ってしまう学習内容や磨き向上させなければならない能力のことを指す。

学習指導要領，それを具体化した教科用図書にも幹と枝葉がある。それを判断し，学習者が幹を学びそびれないよう，徹底した指導を行うことが学校と教師には求められている。しかし，何が幹かを判断できないと，そのことがたちまち危うくなる。徹底した指導ができず，結果として学習者に学びそびれを生み出してしまうことにもなるからである。

ただし，この場合の徹底した指導とは，後で漢字の指導例を述べるが，漢字の意味をろくに指導もせず，漢字ドリルを苦行のようにただ「やりなさい」と命令することではない。①学習者の学ぶ気持ちに上手にスイッチを入れる，②単なる繰り返しではなく質が高まっていく螺旋的な繰り返し指導を行う，とい

う2つがそこでは必須である。

2　言葉の力

言葉の力の難しさ……………………………………………………………………

　では，言葉の力の基礎・基本とは何なのか。言葉の力を育てる国語科において「算数科の九九のような基礎・基本は何ですか？」と問われたら，教師はどう答えるであろうか。

　この問いは答えにくい。言葉の力が，難しく複雑なものだからである。だからこそ，国語科の基礎・基本は算数科ほど明確になりにくく，多くの教師が「国語科の指導は難しい」と感じることにもなる。「国語科は，何を指導しているのかがあいまいだ」「国語科の学びの成果が見えない」といった批判が生まれるのも，教師の指導の問題だけではなく，原因はここにある。言葉の力や国語科に関わる問題には，人間の内面世界に関わる難しさがある。

　先の批判に対して，国語科の指導内容を明確にし系統的に指導をしようという挑戦や営みはすでに行われている。「言語技術」という言葉に代表される取り組みがそれである。しかし，今度は「言葉の力を技術の側面だけでとらえていいのか」という疑問や批判が起こる。

　かつて，平成20・21年改訂学習指導要領に向け，言語力向上の観点から「言語力育成協力者会議」が中央教育審議会に設けられた。「言語力の育成方策について（報告書案）【修正案・反映版】」（文部科学省，2007）は存在するものの，最終的な答申を出すには至らなかった。言葉の力をめぐって，会議に集まった専門家の議論が白熱しすぎてまとまらなかったと聞いている。ここにも，言葉の力のとらえが一義的ではなく，単一の正解に収まらない豊かさ・深さを有していることが示されている。

文化そのもの……………………………………………………………………

　梶田（2010）は「言葉の主要な働き」として「認識の道具」「記録の道具」「思

考の道具」「伝達の道具」「精神の呪縛・解放・鼓舞の道具」「文化そのもの」
であり，「文化の継承・創造の道具」の６つを挙げている。また，言葉の力には「確
かな論理の言葉」と「豊かなメタファーの言葉」の２つの方向があることを指
摘している。

　この指摘を深く受け止める必要がある。その指摘から，言葉の力を「確かさ」
と「豊かさ」でとらえてみることの大切さが考えられる。筆者は，そこに「深さ」
を加えたい。言葉の力は，「確かさ」と「豊かさ・深さ」からとらえたいのである。
その上で，「文化そのもの」という梶田の表現に注目する。

　「文化そのもの」以外に「文は人なり」「言葉は人なり」といった言葉が世の
中にはある。ここに，言葉や言葉の力の特質が現れている。言葉には，「＝人」
と表現をしたり，そうしたくなるような特質があったりする。言葉は，文化や
人間の内面世界，換言するとその時代時代がもっている価値の集合体や，個人
が生み出す価値を，個人の人格や人間性と深く結びついて表すものなのである。

　だから，ある人の言葉に感動したとき，その言葉だけでなく，言葉を生み出
した「その人そのもの」に感動している自分も生まれる。言葉で表された価値
が，その価値を生み出した表現者の人格や人間性に由来するものだということ
を感じているからである。言葉の力は，「文は人なり」「言葉は人なり」という
言葉が生まれるほど，人格や人間性と深く結びついているものなのである。

　このように考えると，「言葉の力は学力の基礎・基本」というだけでは収ま
らなくなる。たとえば，物語等の「解釈」がもつ多様性に気づき，解釈によっ
て異なる価値の深さに気づけば，単一の解釈を正解とすることの浅はかさにも
思い至る。このことに気づいた人間の思考は，そこから「解釈」と解釈者の内
面世界の関連性,「解釈」のもつ個別個有の世界へと深まる。さらにそこから，「解
釈」を通して個人が自分の思考を磨き，深めていく可能性の大きさに思い至る
人物も生まれてくる。

　これらの根本にも，「解釈」には個人の人格や人間性が現れる，というとら
えがある。そこから，言葉の力を人格や人間性を磨くものとしてとらえようと
する方向性も生まれてくる。学習者の人格や人間性を育むためには，言葉の力

を育まなければならない，というとらえである。

　「文は人なり」「言葉は人なり」であるならば，言葉の力が弱いせいで学習者が人間的成長に苦労したということが，起こらないようにしたい。目指すべきは，その逆である。言葉の力を豊かに深く磨いたことによって，学習者の人格もまた磨かれた——これを目指したい。

　話が，このように壮大になっていくほど，言葉には人間がもっているのと同じほどの豊かさ，深さ，そして複雑さやとらえにくさがある。このような言葉の力が，そもそも「九九」と同じわかりやすさの世界に収まるはずもない。

3　言葉の力の基礎・基本

　だからといって，「国語科において，算数科の九九のような基礎・基本は何ですか？」という問いを放置することはできない。「言葉の力の基礎・基本がわからない」ままでは，学習者が困るからである。そこで今から，この問いに答えてみたい。ただし，問いに対する解に単一の正解など存在しない。それは，言葉の力の豊かさと深さゆえのことである。これらを前提に，筆者の自分解を述べる。

読む能力……………………………………………………………………………

　習得しておかないと学習者がその後の人生において困り，育成や涵養の段階に影を落としてしまう言葉の力の基礎・基本とは何か。言葉の力を学ぶ主要な教科といえる国語科において，この問いを考えてみよう。

　学習指導要領では，国語科の内容を〔知識及び技能〕〔思考力，判断力，表現力等〕で示し，〔思考力，判断力，表現力等〕の中で「Ａ　話すこと・聞くこと」「Ｂ　書くこと」「Ｃ　読むこと」として示している。これを見て，「言葉の力の基礎・基本は，国語科の〔知識及び技能〕だ」——というほど解は単純なものではない。「Ａ　話すこと・聞くこと」「Ｂ　書くこと」「Ｃ　読むこと」の中にも，それぞれの基礎・基本が存在するからである。とはいえ，すべての

領域の基礎・基本をこれから述べることは，紙面の都合上も無理である。そこで，筆者が専門としている読む能力に焦点を当てて，言葉の力の基礎・基本を述べることにする。

読む能力を 10 の能力でとらえる

学校教育[1]で磨くことができる読む能力として，筆者は以下の 10 の能力[2]を考えている。

それが，❶文章を詰まらずすらすらと読める力（音読能力）であり，❷意味を知っている，実感できている言葉の数（語彙能力）であり，❸語彙能力としては獲得が切実に望まれる漢字の読み書きの力（漢字能力）であり，❹長い文章を短くまとめて読む（あらすじや要約）能力であり，本文から，❺登場人物の気持ちを想像して読む能力であり，❻人物関係を読む能力であり，❼意見と理由【根拠】を読む能力であり，❽本文の謎を，自分なりの一貫した解釈で読む能力であり，❾他者の読みから自分の読みを磨く能力であり，❿読書能力（❿の下位観点としては，ⅰ）本を読むことが好き，ⅱ）多くの本を読んでいる，ⅲ）問いに答えるために本を探し，本を読む，ⅳ）自分にとってかけがえのない本がある，の4観点を考える），である。大切なことは，これら 10 の能力の土台に，各学習者の人間としての成長度があるという視点を，読むことをとらえる上でも，学習者を理解する上でも，しっかりと持っておくことである。

読む能力の基礎・基本

これらのうち，❹から❿は国語科の読むことの授業の中で繰り返し学習しなければならない能力である。読み方については，「単元での読み方がわかる→先生に教えてもらった単元での読み方が授業の中でできるようになっていく→その読み方が授業中でなくても自分でできる」という段階を螺旋的に繰り返す指導がなければならない。❹から❿の「わかる」「できる」の部分が，習得すべき基礎・基本と考えられる。

❶，❷，❸は，たどたどしくではなくスムーズにできるほど自分のものに

なっていることが大切である。九九が上達すれば速く，正確にできる。頭であれこれ考える必要はなく，九九の積が口をついて出てくる。これを**自動化**と呼ぶ。①音読，②語彙，③漢字は，文章を初見で詰まらず音読できる，言葉の意味が口をついて出てくる，手が自然に動き書きたい漢字が書ける，というぐらいに熟達していること，すなわち**自動化**を目指して指導したい。これらは，**読む能力の基礎・基本**であり，**言葉の力の基礎・基本**である。基礎・基本だからこそ，それができれば学習者は本文が読みやすくなり，頭や心で考えたことを文字にしやすく，書きやすくなり，語彙が次の語彙を呼び起こしたり，思考を刺激したりすることが起きやすくなり，学ぶことに意欲的になれる。この中でも，言葉の力の重要な基礎・基本として，筆者は漢字を挙げる。

漢字の重要性

　筆者が大学で出会った勉強に対する強いコンプレックスを持っていた若者たちは，総じて漢字の読み書きが十分ではなかった。彼らは，漢字がちゃんと書けない，読めない自分を恥じていた。漢字が原因で，書くことに強い負荷を感じ，臆病にもなっていた。当然である。訊かれている問題文の中に自信をもって読めない漢字がある，いざ書こうとすると自分が書く漢字に自信がない，自分で間違っているとは思っていなかった漢字を誤字だと指摘されたり，周りから笑われたりする……。これで，前途洋々の明るい気持ちになれるはずがない。

　漢字が苦手になると，言葉から距離を置きたくなる。本など読みたくない，ということにもなりかねない。それもそのはず，小学校，中学校，高校，大学と進むにつれて，使う教科書や本の中に出てくる漢字は確実に増え，難しい漢字が出てくるようになっていく。漢字の読み書きが苦手な学習者は，たちまち大きな影響を受ける。漢字の読み方がわからず本文の音読に詰まり，意味を構成するのに手間取り，長い文章を読むことに大きな負担を感じるようになる。進学や進学後の学びに苦労することはもちろん，これらのことを通して自分は駄目な人間だというネガティブな気持ちをもったり，その気持ちを大きくしたりしてしまう。これが，一番恐ろしい。

　学ぶことで一番恐ろしいことは，学ぶことを嫌いになることと，学びを通して自分自身を駄目だと考えるようになることである。自分は駄目だという不信感や自己否定感は，学習者から前向きさや意欲を奪う。そのことが，果ては生きることにも悪影響を与える。

　初めて筆者が勤務した大学で出会った教員採用試験に挑戦しようとする若者たちは，学びへの自信を持てず，学びにコンプレックスを持っている自分と向き合うことに苦労していた。面接や模擬授業等で自分に胸を張れるようになっても，ペーパーテストでは強い苦手意識やコンプレックスに悩まされていた。そんな彼らは，総じて漢字が苦手であった。

　対話を通して自分のもつ人間的な魅力や素晴らしさに気づかせ，面接や模擬授業での挑戦を通して自分磨きを成し遂げ，彼らはペーパーテスト対策においても「大学で，これまでの人生で一番勉強しました」と自ら胸を張れる努力を重ね，人間的に成長して教育現場に出ていった。しかし，柔道，バレーボール，ハンドボールと10年以上も一つの競技に粘り強く取り組んできた若者たちが習得すべき知識や理解を手にしていないという現実からは，国語科における基礎・基本のあいまいさや，その習得を学校と教師が保障し切れていないのではないかという不安を感じずにはいられなかった。

　漢字をはじめとして，習得すべき基礎・基本は，学習者のその後の学びを大きく規定してしまう恐ろしい面がある。ときにそれは，学習者の人生と人間的成長を左右してしまう。運やご縁に恵まれた学習者は，どこかで学びそびれを取り返す指導を保障してくれる学校と教師に出会えるかもしれないが，それがなかった学習者は……。そう考えると，一層基礎・基本の習得の重要性を痛感する。そこで，基礎・基本の指導例を，若者を苦しめていた漢字を例に述べてみることにしよう。

4　漢字の指導例

　基本的なよく使われる漢字は，小・中学校で習う。小学校6年間で1026字，

中学校で1110字の漢字を習う。たとえばある教科書では中1で「響」という漢字を習う。しかし，「響」を構成する「郷」も「音」も読めない，書けない学習者が，「響」という漢字を書きたい，読みたいと思えるはずがない。学ぼうとする気持ち自体が，響かなくなっている。

「郷」は小学校6年，「音」は小学校1年で習う。このことをもって「だから小学校の学びのせいで中学校は……」と声高に叫ぶ先生がかつてはいた。小中連携の進んだ今は，そうでないことを願う。問われているのは，誰かのせいにすることではない。困っている学習者に巡り合った自分が，その学びをどう保障するのか，ということである。

「郷」も「音」も学びそびれた学習者………………………………………………

ここに，小学校で「郷」も「音」も学びそびれた学習者がいたとしよう。しかし，中学校のある教師はそれを放置しなかった。そう仮定して話をする。

その教師が，「絶対に『響』の字は書ける」と学習者に言い切った。教師がそれぐらい言わずして，漢字が嫌いな学習者がやる気をみせるはずもない。

「漢字は意味が大事だからね」と言いながら，その教師は学習者に「『響』の字を二つの漢字にわけてごらん」と言った。そう言われてもできない学習者に，「一つは『音』でしょ。では『音』の上にある漢字は？」と話した。それでも「わからない」と答える学習者に，教師は「これは，『郷ひろみ』の『郷』だよ」と話した。

「『郷』なんて難しい漢字，僕に読めるわけないよ。郷ひろみも知らないよ」と言う学習者に，「そうか，ごめん，ごめん。確かに難しい漢字だよね。でも，少しずつ分解すると案外いけるんだよ。じゃあ，『郷』の中に隠れている漢字を見つけてくれる？」と教師は諦めることなく誘う。

「えー」──渋々見つけようとするものの苦労する学習者に，教師は「簡単には見つからないよね。今使っている漢字とは点が一つ違うんだから」と言いながら，「ほら，あなたの仲良しの……」とヒントを話す。すると，そのヒントに学習者が反応した。「わかった！　一郎君の『郎』だ」と叫ぶ。「その通り！

えらい！」と教師は褒める。（以下，学は学習者，教は教師を示す）

① 漢字は意味を指導するもの

学「でも，『郎』から点が一つなくなっている」

教「そうでしょ。なくなっているよね。漢字は，3800年ほど前，大昔の中国の甲骨文字から生まれたものでね。今使われている漢字に至るまで多くの人間の手，書道家の手を通って表現されてきているから，同じ意味，同じ読み方でも形が違うものができたんだよ。『郷』なら『郷』や『郷』，それから『郷』とかね」

学「『郷』なら本当に一郎君の『郎』なのに。あ，先生は漢字は意味が大事って言ったけど，僕はこれまで意味を教えてもらってないよ。部首とか読み方とかを習ったら，後は『漢字ドリルの練習！』って言われてきたよ」

教「漢字は，意味が面白いんだよ。『郷』は，村という意味があってね。元々は，真ん中にご馳走をおいて，その両側に人が向かい合って食事をしているようすを表しているんだ。いわば『向かい合う仲間』なんだね。だから，人々が互いに助け合って暮らしている村って意味になる。ほら，『故郷』（と板書（板書は，以降も縦書き）。『故』は右に『古，攵』その右に『ふる—い，ぼくにょう』と板書）っていうでしょ？」

学「なるほど」

② 学習者の学びのために，漢字を分解すること

教「漢字は分解すると意味がよくわかるんだよ。先生が，『郷』を３つに分けてみるよ（と言って，縦書きで『乡』『ヨ，レ，点』『阝』を板書）。『郷』の左が『いとがしら』，真ん中が『ヨ，レ，点』，右が『おおざと』になります」

学「ヨ，レ，点？ 何それ」

教「真ん中の部分は，漢字ではないんだよ。漢字は，漢字とカタカナや部首を使うと分解できる。それでも，名前のない部分が残ることがあるんだよ。『郷』の真ん中部分がそれだね。でも，『ヨ，レ，点』と分解すると真ん中の部分になるだろ。しかも書き方までわかる。まさに，一石二鳥。だから先生は，名前のない部分に名前を付けました。それが『ヨ，レ，点』です」

学「へー，なるほど。でも先生，『いとがしら』は何か違うような気が……」

教「おー，すごい！　すごい！　まさにその通りで，普通『いとがしら』は『幺』
　　だよね。『糸』(と板書)の『かしら』にあるものね。『幺』は『糸』のグルー
　　プの部首って考えてください」

学「じゃあ，『郷』の部首は『幺』ってこと？」

教「『郷』の部首は『おおざと』です。『おおざと』には『郷』と同じで村とい
　　う意味があってね。それから，『郎』は若い人。ほら，村に多くの若い人が
　　いると……」

学「元気！　にぎやか！　活気がある？　そんな感じがします」

教「ほんとにそうだね。『郷』は，人と人がご馳走を挟んで向かい合う会食す
　　るさまから来ているけど，仲良く会食すると話も弾むし，『響き合う』じゃ
　　ない？　話し声が『響き合う』って感じかな？」

学「心が『響き合う』」

教「いいこと言うね。だから『響』は，『村の一郎さんたちが，村をにぎやか
　　に盛り上げ，心を『響』き合わせている』って覚えればいいね」

学「そう思います。覚えやすいです」(指導が学習者の心に入り，学習者が前
　　向きになっていくと，タメ口だった学習者の言葉遣いが丁寧になっていく瞬
　　間がある)

③　空書き──漢字を書く導入

　語源等の意味と学習者の実態から必要な内容を指導したら，次は書く練習に
入る。ここでは，【漢字の分解→合成・空書き】という2段階の指導を行うと
効果的である。

教「さあ，意味がわかったところで，**分解して書いて**みるよ。先生と**一緒に**こ
　　こ(板書した「幺(いとがしら)」「ヨ，レ，点」「阝(おおざと)」「音(おと)」
　　を指し示し)を**読みながら，空中で大きく漢字を書こう**。これを「空書き」
　　と言います。いくよ，サン，ハイ，『いとがしら』，『ヨ，レ，点』，『おおざと』
　　『音』。そうそう，書けました，書けました！」

教「じゃあ，今度は，**一緒に読みながら，書くのはあなただけで**。先生は，ちゃ

んと書けているか見ていますからね。(学習者が行う)できた，できた！　凄い，凄い！」

教「今度は，自分だけで書きますよ。**自分だけで読み上げて書いてみてください。それができたら合格です**」

と，３回ほど【空書き】を繰り返す。それは，単純で退屈な繰り返しではない。【空書き】の繰り返しには，「**二人で読み書く→二人で読み，学習者が書く→学習者が読み書く**」という質の高まりがある。これが**螺旋的反復**である。

　また，学習者が書きにくいところは，書きやすくするために**さらに分解**する。「幺（いとがしら）」なら「ノ（の）　一（いち）　ノ（の）　一（いち）　ノ（の）」，「音」は「立（たつ）　日（ひ）」となる。

　一度分解した漢字を【空書き】をすることで今度は合成している。３回ほど【空書き】をすると実際に書けるような気に学習者がなる。ここまで学校でできれば，家で漢字ドリルに自分から取り組みやすくなる。

基礎・基本の指導は，習得指導が決める

　習得は，目の前の学習者の実態をスタートラインにして，実態に合わせて螺旋的に反復することで行う。そこには，「わかる」と「できる」の実感がなければならない。基礎・基本を学習者が習得しなければならない幹としてとらえるならば，学校と教師は習得指導が上手くなくてはならない。特に，学びそびれた学習者には一層熱のある上手な習得指導が求められている。

　習得は，螺旋的に繰り返すものである。そこで求められるものは，学習者のためにやり切ろうとする教師の執念である。その執念は，学習者の人間的成長を願う教師の魂から生まれるものである。

注

(1)　ここでの「学校教育」を，初等，中等教育として受け止めてもらっても，高等教育として受け止めてもらっても，またその両方として受け止めてもらっても差し支えない。読むことは，学習者がその時点での自分の人間的成長を背景に行う全人格的な作業である。この視点は，初等，中等，高

　等教育を通して貫いてもらいたい視点である。

⑵　その基本型は，鎌田首治朗『真の読解力を育てる授業』（図書文化社，2009），鎌田首治朗「小学

　　校国語科における『読む能力』育成のための目標分析案の構想」（『広島大学大学院教育学研究科紀

　　要第二部文化教育開発関連領域60号』2011，77-86）を参考にしていただきたい。

文献

梶田叡一「〈言葉の力〉を育てるということ」梶田叡一責任編集・人間教育研究協議会編『教育フォー

　　ラム46号』金子書房，2010

文部科学省「言語力の育成方策について（報告書案）【修正案・反映版】」2007

　　https://www.mext.go.jp/b_menu/shingi/chousa/shotou/036/shiryo/attach/1399817.htm

特集◎基礎・基本に立ち返る

●

読書によって教養の基礎・基本を

●

湯峯 裕○ゆみね ひろし

はじめに

　読書で養う基礎・基本の第一は語彙力である。その基礎・基本の上に読解力が育成され，そしてその上に人としての教養が培われる。読書で養われる広い知見と実体験とが融合されることで教養が醸し出される。日本人として初のノーベル賞を受賞した湯川秀樹は，専門の物理学はもちろんのこと漢籍その他幅広い読書でその教養を培い，美しい文章を書き伸びやかな書を残している。かつての国公立大学では入学後は教養部で幅広い学問に取り組んでから専門の課程に進んだ。大学設置基準の大綱化によってそのシステムが変更されていったのであるが，その後リベラルアーツ教育として教養教育の必要性が再評価されている。大学教育での教養教育にはそれでも狭さの限界がある。人が身につけるべき教養はより広いものであり，特定分野に限定されない好奇心から涵養される視野の広さや包容力としての教養を培うためには読書が必要である。そこで，まず読書で養う語彙力と読解力について述べ，次にその上に培われる教養について述べる。

1 読書によって育成される語彙力

（1） 絵画から ……………………………………………………………………

　ルーベンスが描いた「パリスの審判」というタイトルの絵がある。描かれた絵の意味を何も知らずに見ていたら，2人の若者の前を通り過ぎる3人の女性の絵ということ以上のものは読み取れない。しかし，子どもの頃からギリシャやローマの神話に親しんでいる欧米の人たちなら，絵の中から多くの手がかり（アトリビュート）を見つけて理解していく。一人の女性の足元には孔雀，彼女たちの足元にはキューピッド，さらにもう一人の後ろには武具があり梟がいる。これらの記号から3人は，右からゼウスの妻のヘラ（ローマ神話ではユノ），愛と美の女神のアフロディーテ（同ヴィーナス），知恵の女神のアテネ（同ミネルヴァ）と分かる。そこで，この3人が美しさを競ったという神話の知識から，リンゴと杖を持っている若者が羊飼いのパリスとなる。また，その後ろにいるのがゼウスから遣わされたヘルメスであることが被っている帽子から分かる。聖書や神話を子どもの頃から学んでいる西洋の人たちならすぐに分かるこ

ルーベンス「パリスの審判」（Wikimedia Commons より）

とであるが，その知識がない人にはこの絵の意味が分からない。この例のように絵画から文字情報に置き換えるのが語彙力であり，そこから生まれるのが読解力である。記号である文字の情報をどれだけ多く正確に捉えられるかの力が語彙力であり，その情報をどれだけ間違いなくつないで文脈を理解していけるかの力が読解力である（笹山，2021，pp.30-35；阿刀田，1984，pp.8-25）。

（2） 文ではどうなるのか

西田幾多郎の『善の研究』には以下の文が見られる。

事実上の意識には知覚と心像との区別はあるが，具象と抽象との区別はない，思惟は心像間の事実の意識である，而して知覚と心像との別も前にいった様に厳密なる純粋経験の立脚地よりしては，どこまでも区別することはできないのである（西田，2012，p.33）。

ここに見える「事実」「意識」「知覚」「心像」「思惟」「純粋」「経験」のそれぞれの語の辞書的な意味はそれほど難解なものではないが，それをつないだだけではこの文が何を言わんとしているのかほとんど理解できない。反対に西田哲学のことを理解している人ならばその中の基本的な用語であるので難なく読める。それぞれの語の文脈上の意味が分からないと理解できないのである。様々に広がる語の意味を一つに特定できない限り読解はできない。ましてや，その語の意味が全く理解できていないと読むことはできても理解することはできない。教室で子どもたちが教科書を詰まり詰まり読んでいる時や文字を追って読んではいるのだが滑らかでない時は，実は上の例のように意味が理解できていないことが多いのである。意味の理解できない語を分からないままに括弧に入れたまま読み続けている。それでは読解できるはずがない（湯峯，2021b，p.12）。

（3） 文章では

宮澤賢治の「農民芸術概論綱要」の「序論」にある「世界がぜんたい幸福に

ならないうちは個人の幸福はあり得ない」（宮澤，1997，p.9）はしばしば引用される。個人的な幸福よりも世界平和を願う人道的な生き方の表明として扱われたりするのであるが，ここで言われているのは本当にそんな考えなのだろうか。実は2点の語の解釈について慎重に定めないといけないのである。第1点は「世界」である。これは地球上に存在する全ての国々の意味ではない。法華経に心酔した彼の考えから，賢治の言う世界とは，天台宗の一念三千を受け継いで日蓮が語る「三千大千世界」（三千世界），すなわち空間的にも時間的にも広がりを持っている考えうる全ての存在のことである。賢治はそれを「第四次元」（「農民芸術概論綱要」（宮澤，1997，p.9）），「第四次延長（「春と修羅」）」（宮澤，1995，p.23），その他「四次元」という表現でも示した。

　第2点は「ぜんたい」である。賢治はこの語を副詞のように使うことがある。そう考えると，これは世界の「全体」の意味ではない。以下がその例である。「ぜんたいあなた方は，どちらからおいでですか。」（「銀河鉄道の夜」宮澤，1996，p.148）。「ぜんたいその形からが実におかしいのでした。」（「風の又三郎」宮澤，1996，p.174）。「それからぜんたいこの運動場は何間あるかといふやうに」（「風の又三郎」宮澤，1996，p.181）。

　以上の2点から，この一節は「地球の全ての国々の人々が幸福にならないうち」という意味ではなく，大きな息とともに我が身を投げ出して「三千大千世界」の平安を思い一人ひとりの救済を思っているのである。それでないとこの「序論」が解釈できないのである（湯峯，2021a，p.26）。文章全体の読解にまで踏み込んでしまったが，このように，語の意味を他の関係から正確に決定してそれらの語をつないでいくことが読解なのである。それを支えるのが語彙力であり，読書によって育成されるべき第一の力なのである。

2　語彙力の育成と読書

　「小学校学習指導要領解説国語編」では，語彙力について以下のように述べられている（中学校，高等学校においても同じ）。

　中央教育審議会答申において，「小学校低学年の学力差の大きな背景に語彙の量と質の違いがある」と指摘されているように，語彙は，全ての教科等における資質・能力の育成や学習の基盤となる言語能力を支える重要な要素である。このため，語彙を豊かにする指導の改善・充実を図っている。

　語彙を豊かにするとは，自分の語彙を量と質の両面から充実させることである。具体的には，意味を理解している語句の数を増やすだけでなく，話や文章の中で使いこなせる語句を増やすとともに，語句と語句との関係，語句の構成や変化などへの理解を通して，語句の意味や使い方に対する認識を深め，語彙の質を高めることである。（文部科学省，2018，p.8）

　上記の引用部分の小見出し「①語彙指導の改善・充実」に続いて，「②情報の扱い方に関する指導の改善・充実」「③学習過程の明確化，『考えの形成』の重視」と小見出しがあり，語彙力に支えられた読解力の養成を通じた「思考力・判断力・表現力等」の育成を求めている。「情報の扱い方」については，「『情報と情報との関係』と『情報の整理』の二つの系統」とあり，情報の意味と複数の情報の関係を正確に特定して，的確に理解したり明確に表現したりする力の育成の必要性が示されている。さらに，「思考力・判断力・表現力等」の各領域における学習の過程を明確にして，子どもたちの「考えの形成」を求めている。高等学校ではさらに「探究的な学びの要素」の視点が必要であると明記し（文部科学省，2019，p.12），主体的な学びの姿勢の育成を求めている。「新しい学力観」に始まり「生きる力」を経て「学力の3要素」で明確化された方向性が，この①・②・③でまとめられており，その基盤には語彙力の育成があるのである。

　ここに引用した2016（平成28）年の答申には，「考えを形成し深める力を身に付ける上で，思考を深めたり活性化させたりしていくための語彙を豊かにすることが必要である」として，語彙量，語彙力のために読書活動が必要であるとしている（中央教育審議会，2016，p.129）。これまでにも学校では様々に読書活動に取り組まれてきてはいるが，語彙力にどれだけ注目されていたであ

ろうか。ねらいを明確にしないままただ読書をするだけでは，1で説明したように ただ文字を追っているだけで，語彙力にも読解力にも効果がないのである。つまり，読んだ後に内容をどれだけ把握できているのか，その点を確認しつつ読書を進める必要がある。読んだ本の冊数を競う読書活動も見られるが，それでは語彙力の育成には結びついておらず読解力の向上の効果は望めない。改善のためには読書ノートなどの活用もあるが，それが強制に感じるようになるとやはり読書の効果は望めなくなる。子どもたちにとって読書が避けたい負担になってしまうのである。そうではなく，語彙力に支えられた読書の楽しみを実感させる必要があるのだ。

3 読書を楽しむ

　読書は楽しいのである。OECDはPISA2009年調査で図書館の利用についての調査をしている。その中で「あなたは，次のようなことのために，図書館をどのくらい利用していますか」の質問で「楽しむために本を借りる」について，「ある」と答えた児童生徒の総合読解力得点と「まったくない」のそれとの差に注目する。「ある」と「まったくない」の差が他の項目に比べて最大なのが日本，OECD平均ともにこの「楽しむために本を借りる」である。日本は44点差，OECD平均は37点差であり，楽しむために本を借りる人ほど読解力が高いことを示している。ここで「ある」とは，「まったくない」と無回答を除いた数である（国立教育政策研究所，2010，p.161）。

　つまり，読書を楽しむことが読解力の育成に役立っているのである。当然の調査結果ではあるが，これまであまり注目されてこなかったのではないだろうか。ただし楽しむことの中身が大事で，筋の展開を追って楽しんでいるだけではなく，新しい知識の発見から好奇心に支えられて次の読書へと進んでいき，さらに広い世界を見つけ出していく楽しさが必要である。その結果として（目的としてではなく）読書の冊数が増えていくのではあるが，読んでいるその時間の楽しさが大事なのである。

　全国学校図書館協議会と毎日新聞社は毎年共同で学校読書調査を行っており，2019年調査（2020年はコロナ禍のため中止）では，小中学生で2000年あたりから改善が見られた平均読書冊数の増加傾向と不読者数の減少傾向が継続しているのが見えるが，高校生については改善がみられていない（全国学校図書館協議会，2019）。この結果から，小中学校では学校図書館の整備や朝の読書時間の設定などによって本に親しむ環境に身を置くことができているが，そのような環境が一様ではない高等学校にまでその効果が及んでおらず，自主的に読書の世界を広げていくまでの意識づけができていないと考えられる。先述のとおりどれだけ多く読んだかが問題なのではなく，読書の楽しさを実感できる環境づくりが必要なのである。

　楽しさの実感にとって大切なことは新しい知識の発見に結びつく読書活動であり，それを効果的に引き出すのが読書後の対話である。本を読んでその内容についてグループによるディスカッションをするなどの活動が効果的である。読書ノートを書くあるいは読書感想文を書くだけでは，自分が読んで感じたり考えたりしたことに対する反省的な視点が足りない。そこに他者の視点を入れることで，自分の世界に新たな光を入れるのである。自分が読めていなかったことや自分が読み違えていたことの発見が世界観の広がりになる。

　国際バカロレアの教育プログラムには読書後の対話を取り入れたプログラムがある。国語や外国語といった教科を横断的に6グループ（1　言語と文学，2　言語習得，3　個人と社会，4　理科，5　数学，6　芸術）に分けている中で，「1　言語と文学」を構成する3科目のうち「文学」では一つの作品の全てを読み通すことが指定されている。日本の教科書では作品の一部が取り上げられていることが多いのと対照的である。ある認定校の授業では，近松門左衛門の『曾根崎心中』について生徒それぞれがあらかじめ読んできて，授業ではその内容について議論をする。「お初の言葉が，読点ばかりでずっと長くつながっていくのはなぜだろう」「蜆川の暗闇は何を表しているのだろうか」などの疑問が出されて意見を交換し合う。他者の意見を聞くことによって自分が見落としていた語や文を見直すことになる。語についての誤解の点検にもなる。そこから

新しい解釈の世界が広がっていく。「お初は死なずに九平次からお金をもらったほうが幸せなのでは」といった誰も思い付かないような考えも持ち出される。そして，こんな新たな視点を提示されることで，今まで気が付かなかった方向からの考えの再構築ができる。どこにある表現からそんな発想ができるのかと，語の解釈についての見直しもできる。自分の言語世界を広げられる。それが議論することの楽しさになりさらに次の読書への導きになる。近松の他の作品も読んでみたくなるのである（私立大阪女学院高等学校のIBクラス，高橋七浦子教諭への取材，2019.9月実施）。

　読書の基本は言語との向き合いである。語の意味の正確な理解を積み上げて文を理解し文章を理解して作品全体の理解へと紡いでいく。語彙力に支えられた読解である。1で示したように，それがないと勝手な解釈による独りよがりの読み取りになったり，語の意味を理解できなければただ文字を追っているだけになったりする。そこに本来の意味の読書の楽しさはないのである。正しい理解に基づいた読書の楽しさがあれば未知の世界を切り開いていく力になっていく。それがつながって教養となるのである。

4　教養の基礎・基本となる読書

　1のルーベンス「パリスの審判」には，さらに話がつながっていく。スパルタ王の妃ヘレネをパリスが奪ったことが引き金となって起こるトロイア戦争，トロイの木馬に関わるパリスの妹のカッサンドラの悲劇，ギリシャのアキレウスに殺されたパリスの兄のヘクトルとその妻アンドロマケの悲劇，さらにそこから創作された17世紀のフランスのラシーヌの戯曲『アンドロマック』（阿刀田，1984，pp.28-44）へとつないでいけるのが読書によって培われた教養である。逆の言い方をすると，ギリシャ神話の知識がないと『アンドロマック』は理解できないのである。ルノワールも「パリスの審判」を描いている。ルーベンスの絵を知っていると味わいが違ってくる。一つの現象の奥につながる広い世界を読み取ることができる資質が教養である。ルーベンスの絵のように，そもそ

も西洋の絵画ではギリシャやローマの神話や聖書の知識を手がかりに理解を深めるものが多い。それが教養に支えられた読解力なのである。教養によってより深い解釈ができて，そこにある世界を楽しめるのである。

　では，単なる知識の蓄積と教養の違いとは何なのか。少し古くなるが2002（平成14）年2月の中央教育審議会答申では，「（変化が激しく既存の価値観が揺らいでいく中で：筆者補足）自らが今どのような地点に立っているのかを見極め，今後どのような目標に向かって進むべきかを考え，目標の実現のために主体的に行動していく力を持たなければならない。この力こそが，新しい時代に求められる教養であると考える」となっており，その上で「品格ある社会」を形成するものだとしている（第1章）。また「教養とは，個人が社会とかかわり，経験を積み，体系的な知識や知恵を獲得する過程で身に付ける，ものの見方，考え方，価値観の総体ということができる」ともある（第2章）。教養とは蓄えた知識を自らの次の一歩のために生かして行動できる力の源泉となるものである。それは読書などの学習を通して獲得した知識や知恵によって様々な経験を体系化して，自分自身の価値観となって生きて働くようになったものである。多くのことを知識として持っているだけでは教養ではなく単なる物知りである。それが教養となるためには，日々の行動や生き方として現れてこないといけない。そうして「こうした教養を獲得する過程やその結果として，品性や品格といった言葉で表現される徳性も身に付いていくものと考える」となるのである（第2章）。つまり，人としての在り方生き方となって現れてくるものであり，それは経験だけで出来上がるものではなく，経験をつなぎ補い強化するものとして読書で得られた知識が必要となってくるのである。読書で得られた知識によって同じ現象を見ていても得られる情報に違いが出てくる。これが語彙力の違いである。得られた情報が違えば現象の解釈も違ってくる。これが読解力の違いである。読解力つまり社会の見方が違ってくれば，そこで取る行動が違ってくる。教養が現れるとはこのことであり，その一番の基本が読書によって高められる語彙力であり，それによって養われる読解力なのである。

おわりに

　教養を身に付けるとは知識を集積するだけでこと足りるものではない。目の前の現実を正確に見極めて誤りのない判断を下せるよう，経験と知識が何重にも絡み合っていることであり，そこから適切な判断と正確な表現や行動が生み出されてくるものである。それが品格となる。単なる物知りではないのだ。その教養を醸し出すのが豊富な語彙力による読解力であり，それは子どもの時からの読書を楽しむ習慣による旺盛な好奇心によって養成される。

参考文献

阿刀田高『ギリシア神話を知っていますか』新潮社，1984

中央教育審議会「新しい時代における教養教育の在り方について（答申）」2002

　https://www.mext.go.jp/b_menu/shingi/chukyo/chukyo0/toushin/020203.htm

中央教育審議会「幼稚園，小学校，中学校，高等学校及び特別支援学校の学習指導要領等の改善及び必要な方策等について（答申）」2016

　https://www.mext.go.jp/b_menu/shingi/chukyo/chukyo0/toushin/1380731.htm

国立教育政策研究所「OECD 生徒の学習到達度調査（PISA）PISA2009年調査 国際結果の分析・資料集 上巻―分析編」2010

　https://www.nier.go.jp/kokusai/pisa/pdf/pisa2009_1.pdf

宮澤賢治「春と修羅」『【新】校本宮澤賢治全集 第2巻』筑摩書房，1995

宮澤賢治「銀河鉄道の夜」「風の又三郎」『【新】校本宮澤賢治全集 第11巻』筑摩書房，1996

宮澤賢治「農民芸術概論綱要　序論」『【新】校本宮澤賢治全集 第13巻』筑摩書房，1997

文部科学省「小学校学習指導要領解説 国語編」東洋館出版社，2018

文部科学省「高等学校学習指導要領解説 国語編」東洋館出版社，2019

西田幾多郎『善の研究』岩波書店，2012

笹山美栄『発見上手 Vol.38 2021 秋』三井住友トラスト・ウェルスパートナーズ，2021

湯峯裕「コロナ禍に考えること――宮澤賢治の宗教性をとおして」『桃山学院教育大学研究紀要「エレノア」第3号』桃山学院教育大学，2021a

湯峯裕「真の読解力は子どもたちの生きる力」『教育PRO 2021 3/16』51(4)，ERP，2021b

全国学校図書館協議会「第65回学校読書調査（2019年）」2019

　https://www.j-sla.or.jp/material/research/dokusyotyousa.html

特集◎基礎・基本に立ち返る

●

基礎・基本を大切にした国語授業とは

物語の「読むことの基礎・基本」を育む授業づくり

●

二瓶　弘行○にへい　ひろゆき

1　「基礎・基本」と「活用」

　国語科は，言うまでもなく，「言葉の力」を育む教科である。

　では，国語教室は，子どもたちにその「言葉の力」を確かに育んでいるか。

　春四月，進級したばかりの6年生たちが，全国学習状況調査に臨む。その実施の本来の目的をはずれ，一部の点数序列主義に走る動きにきわめて大きな不安を感じる。

　子どもを「空っぽのバケツ」とみなし，水をどんどん注ぎ入れるように，一方的に言語知識を教え込む。プリントを大量に配布し，練習問題を繰り返し解かせる。そうして，その子は，国語テストで100点満点をとった。笑顔で返された答案を手にしながら，その子は心の中で呟く。

　「国語の授業なんて大嫌い。」

　悲劇である。恐らく，その子どもは自ら言葉を話そうとしない，自ら言葉を読もうとはしない，自ら言葉を書こうとはしない。

いくらペーパーテストで完璧に解答しようと，生きている日々の生活の中で，人と目を合わせて会話することを厭う子ども，図書館の本をまったく借りて読むことのない子ども，文章を書くこと自体を敬遠する子ども。そんな子どもを前にして，私たちは，「言葉の力」を育んだとは決して言えまい。

実際の言語生活，「実の場」において，自らの意志で言葉を「話し，聞き，読み，書く」という言語活動を展開できる子どもを育てることこそ，国語科教育の目標にしなければならないと，強く思う。

だからこそ，「活用」という観点がきわめて重要になってくる。

「基礎・基本の確実な習得と，その活用」重視の授業づくりの方向性を，現場教師は，だからこそ，もっと真剣に受け止めなければならない。

その際，私たちに託された課題がある。

一つは，「基礎・基本」とは何かという，国語科教育が抱える根本的な問題である。言うまでもなく，国語科の「基礎・基本」とは，言葉の力そのものである。けれども，悔しいことだが，国語科は曖昧な教科とよく言われる。子どもたちに獲得させるべき力が不明瞭であり，授業を通して何を教えるのかが明確でない。

教師は，この確実に「習得」させるべき「言葉の力——基礎・基本」を明確に整理して，国語授業に臨む必要がある。

例えば，ここに一編の文章がある。東京書籍の1年国語教科書に掲載されている「いろいろなふね」という説明文。

この説明文「いろいろなふね」を学習材にして，十数時間の授業時数で，私たちは，いったい，どんな「言葉の力」を子どもたちに獲得させればいいのか。

確かに，この説明文に書かれている内容を正確に読み取る力は必要である。だから，四種類の船を例に述べられている「船の役割とそのための作り」の内容を理解することを授業のねらいとする。そのために，丁寧に叙述を読み取っていく学習が中心となるだろう。

けれども，ただ情報を正確に受け取る，それだけの読解学習を繰り返している授業は，誰もが否定するに違いない。いくら，「船の役割とそのための作り」

をよく分かったとしても，子どもたちの「言葉の力」が向上したとは言えないからだ。極端な言い方をすれば，船のことを知らなくても，彼らの人生にほとんど影響がない。

この「いろいろなふね」の学習を終えた子どもたちが，次に新たな説明文に出会ったとき，ここで学んだ読み方を駆使できてこそ，「言葉の力」を獲得したと言える。

そして，さらには，他の教科，領域でのあらゆる学習場面において出会う，説明的文章を自ら読み進める力こそ，国語教室で育む「言葉の力」なのだ。

これは，文学作品の授業においても同様のことが言える。例えば，物語「ごんぎつね」の授業。十数時間に及ぶ詳細な心情読解の学習の最終段階で，「ごん，おまえだったのか。いつもくりをくれたのは。」という兵十の思いと，黙って頷くごんの気持ちを理解できることを指導目標とする単元。

たとえ，人物の気持ちを想像できたとしても，きっと，その子は新たに出会う物語を自力で読めない。すなわち，「活用」できる，「基礎・基本となる読みの力」が習得されていないのだ。

この「ごんぎつね」は，きわめて優れた作品である。けれども，ごんの嬉しさや悲しさ，さらには「人生」を教えることのみを求めるのであれば，「ごんぎつね」の授業は，もはや国語ではない。

私たちは，「ごんぎつね」を教えるのではない。また，「いろいろなふね」を教えるのでもない。「ごんぎつね」で，「いろいろなふね」で教えるのだ。そう，「習得」すべき「基礎・基本となる読みの力」を。

この不易の国語教材観にもう一度立ち返ることを，今，求められている。

2　基礎・基本となる「読みの力」と，物語を教室で詳しく読むことの意義

真新しい令和版の教科書を開く。4年下巻の「ごんぎつね」。

他の教科書作品と比べてみると，ずいぶんと長い物語である。たとえば，東

京書籍版の教科書では，11点の挿絵を含めて17頁を使っている。

　新美南吉の代表作「ごんぎつね」は現在使用されている全教科書に掲載されている。したがって，日本すべての4年生の子どもたちが，10歳になる年の秋の季節にこの物語を読むことになる。

　私の国語教室でも，私の朗読によって，教え子たちは「ごんぎつね」に初めて出会う。全文を音読するのに，私は16分ほど時間がかかる。その私の読み聞かせを聞きつつ，子どもたちも自分の目で言葉を確かめながら読む。全文を読み終えた彼らは，「心に強く残ったこと」を中心に，「初読の感想」を記述する。そして，時間が許す限りに自分の感想を仲間と伝え合ってみる。

　そうして，終了のチャイムが鳴り，「ごんぎつね」の一時間の授業が終わる。

　優れた物語作品は，たった一回きりの読書でも，読者である自分に感想を与えてくれる。それが，物語自体が持っている作品の力だ。面白かった，切なくなった，生きる勇気を感じた，人間っていいなと思った……。様々な読後の思いを優れた作品を読めばもつことができる。

　その感動をもとに新たな作品，たとえば同じジャンルの，たとえば同じ作者の作品に手を伸ばす。

　私自身の読書行為がそうだ。最近のこと，直木賞と本屋大賞をダブル受賞してベストセラーとなり，令和になって映画化もされた恩田陸の『蜜蜂と遠雷』（幻冬舎，2016）を読んだ。500頁を超える長編だが，多彩な人物たちの感情の交差が織りなす作品世界に魅了されつつ一気に読んだ。私はピアノの世界に縁がない。けれども，分厚い本の残り頁が薄くなっていくにつれ，待っているクライマックス場面の情景が私の脳裏に様々に思い浮かぶ。ワクワクしながら一枚一枚の頁の紙をめくるたびに指に力が入るのが楽しかった。読み終えて，晴れやかな心持ちになった。生きるっていいな，人間ってやっぱり素敵だなと。

　そうして，私は書棚にその本をしまう。遠いいつか読み返すことがあるかもしれない一冊として。

　ここで，前述の「ごんぎつね」の出会いの授業に戻ろう。

　実際の国語教室では，読者である子どもたちが，自分の「初読の感想」をもつことで，「ごんぎつね」の学びは終わらない。この出会いの感想をもつことがスタートなのだ。

　感想を自分なりにまとめられたとき，教師は４年生の彼らに，当たり前のように話す。

　「明日の国語の時間から，この物語をみんなで詳しく読んでいこうね。」

　そうして，おそらく，日本全国津々浦々の多くの４年生国語教室で，たった二十分足らずで読了できるほどの短い物語「ごんぎつね」を数時間，時には十時間を超える授業時数を使い，繰り返し繰り返し何度も読む単元が展開される。

　あらためて，考えてみよう。

　何のために，どうして，私たちは，小学校教室で，物語の授業をするのか。

3　小学校国語教室で物語を読むことのゴール──「作品の心」と「主題」

　物語を初めて読み終えた際の「初読の感想」は，それがどんなものであろうと，たとえ数行の短い文章であろうと，誰のものであろうと，尊い。たった一回きりのその人だけの固有なものだからだ。

　ただ，これだけは事実だ。繰り返し読むことによって，受け取る感想が確かに変わること。

　一回きりの読書では，まだ読めていない言葉がある。まだつかめていない言葉と言葉のつながりがある。そのつながりを押さえることなくして読めない，きわめて重く深い言葉がある。

　その言葉が見えたとき，それまで見えなかった人物の心情が読める。場面の情景が読める。物語全体を通して描かれている大きな変容がはっきりと分かる。

　そして，そのとき，その物語作品は，読者である自分に「生きるってね，人間ってね……」と，人生に関わる真実を強く語りかけてくる。それは，初読でもつことのできた感想を遥かに超えるものだ。それが「作品の心」（主題）。

だからこそ，教室での授業で，私たちは，詳しく言葉を読むのだ。言葉と言葉のつながりを，言葉の隠された意味を読み取るのだ。そうすることによって，物語から受け取る感想が確かに変わる。そして，その感想の変容の過程こそが，物語を読むことの楽しさ，「面白さ」そのもの。

　もう一つ，教室で一編の物語を何度も詳しく読み返す意義がある。それは，ともに同じ物語を読み合う仲間がいることだ。「わたしはこんな読みをしたよ。あなたの読みを聞かせて。」と，仲間と話し聞き合う。その集団での読みの過程で，自分とは異なる読みの存在があること，あの子にはあの子らしい読みがあり，私には私の読みがあることを実感する。それは，自分一人の読書では見えなかったことが仲間とともに読むことによって見えてくるということ。

　そして，さらには，それぞれの「作品の心」を交流することで，その多様性と深さに気づく。そんな体験こそが，みんなと物語を読む「面白さ」の学び。

　一編の物語をあえて集団で詳しく読み返すという，教室での物語の授業。
　その授業を通して，子どもたちは，物語の読み方，確かな感想（作品の心）の受け取り方を学ぶ。
　そうして，その６年間の系統的な学びの継続こそが，彼らの日常生活の中での「一回きりの読書」における「初読の感想」のレベルを少しずつ向上させていくことに他ならない。
　新しい子どもたちとの出会いの春，国語教室で物語を学ぶにあたって，私は次のように話す。

　物語を読むということは，書かれている言葉から，自分の心の中に場面を想像し，人物を想像し，自分だけの想像の世界を創りあげることです。
　そのためには，物語の「出来事の流れ」を捉えること。そして，すべての言葉が巧みにつながりながら描かれている，その流れの中での大きな変容を読み取ること。そんな詳しい読みの過程で，物語は一人ひとりの読者に，「生きるってね，人間ってね……」と，人間が生きることに関わる何

かを強く語りかけてきます。それを「作品の心」といいます。自分の想像
世界を創り、「作品の心」をしっかりと受け取ること。それが物語を読む
一番の目的です。

この「作品の心」とは、私の国語教室のオリジナルの学習用語である。

◇「作品の心」の定義
　　作品が、「生きるってね、人間ってね……」と、
　　読者である私に最も強く語りかけてくること。

　一般的には、「主題」と呼ばれるものと、この「作品の心」は同様な意味をもつ。
けれど、私の国語教室ではこの「主題」という用語を使わない。何故か。
　それは、「主題」の定義を「作者が作品を通して最も伝えたいこと」とする
主題論に基づく物語の授業が、いまだに教室現場に蔓延しているからである。
　「主題は、作品に込められた作者のメッセージであり、人生観であり、価値
観であり、思想である」としたとき、それは作品に確定し存在することになる。
　事実、教師の教材研究によって得られた「主題」を子どもたちにいかに教え
るかが文学作品の学習指導であるとされた傾向が小学校国語教室現場に確かに
あった。そして、残念なことに、その「主題」を唯一の正解として、そこに到
達させるために巧妙に教師が誘導するというような学習指導が実際に展開され
た。「国語教室の喜劇と悲劇」が繰り返され続けてきた。
　たとえば、今西祐行「一つの花」や「ヒロシマのうた」、あまんきみこ「ちいちゃ
んのかげおくり」のまとめの感想文に、「平和の尊さ・戦争の悲惨さ」を書く
ことを暗に求めるように。
　たとえば、立松和平「海のいのち」の単元目標を「主題に迫る・主題を受け
取る」と設定して、子どもたちの読みを「自然と人間の共存」に収斂させよう
とするように。
　そのような「正解到達主義の読解指導」が子どもたちから物語を読む楽しさ、

喜びを奪ったと言っても過言ではないだろう。平成10年度版の学習指導要領の国語科が「文学教材指導」の改革を唱え，高学年の「内容」項目から「主題」を削除してしまったことも，この「主題＝作者の思想」という主題論が要因にあると考えている。

　一方，イーザーの「読者論」の浸透により，「主題は読者の側にある」という，もう一つの主題論が小学校教室現場にも受け入れられ，令和の今の時代には主流となっている。

　確かに多くの作品には作者の意図が込められている。作者自らの人生観，理想，思想を言葉を通して表現したものが文学作品であるという論も，私は否定しない。けれども，読者は「言葉」を通してのみ，作品と対面する。言葉で描かれた世界を自分の力で解釈し，イメージし，自分なりの作品の想像世界を新たに創造する。そして，その過程で文学的感動体験とともに作品から「何か」を受け取る。その「何か」とは，その読者のそれまでの人生に密接に関連する，読者一人ひとりに固有なものであるはずである。その「人として生きること」に関わる「何か」こそ，「主題」である。極論すれば，百人の読者それぞれに，百通りの「主題」があっていい。

　この「主題は読者の側にある」という主題論に深く首肯する私の国語教室では，「主題」を「作品が読者である自分に『生きるってね，人間ってね……』と最も強く語りかけてきたこと」と定義して，「作品の心」という用語を使う。「主題」の用語を使わないのは，いまだに二つの主題論が教室現場にあるため，混同・誤解を避けるねらいがある。

　ところで，前述した「正解到達主義の読解指導」への反省から，今，教室現場では物語作品の詳細な読解指導を嫌う傾向がある。私はこの傾向に大きな疑問を感じる。

　ある地方の研修会で出会った若い教師が私に言った。

　「物語の第何場面を詳しく読むというような授業は，これからはやってはいけないんですよね。」

　物語を読む「楽しさ」とは，言葉を通して自分の作品世界を創造することに

ある。そして，作品から「作品の心」を受け取ることにある。

　そのためには，作品に書かれている言葉を詳細に検討するという論理的な読解学習は不可欠であろう。言葉を詳しく読まずして，どうして物語の面白さを実感できようか。

　重要なことは，その言葉を検討する力を子どもたちに獲得させることである。

　だからこそ，私たち教師の教材研究がきわめて重要になる。

　言葉と言葉を巧みにつなげながら，物語が描く「出来事の流れの中の大きな変容」。物語の本質というべき，その変容を言葉を根拠に精査・解釈する。

　物語の授業をつくるためには，教師自身がその読み方を学ばなければならない。言葉と言葉をつなげながら論理的に読むという，詳細な読解の方法を駆使した教材研究があってこそ，子どもたちを「物語の確かな読者」に育てることができるのだ。

4　「大きな三つの問い」による詳細な読解

　教室での授業で，一編の物語作品を詳しく言葉を読む。言葉と言葉のつながりを，言葉の隠された重さを読み取る。そうすることによって，物語から受け取る感想が，「作品の心」レベルまでに確かに変わる。

　では，どのように「繰り返し詳しく」読めばいいのか。はじめの場面から順番に，場面ごとに人物の気持ちを読み取っていけばいいのか。場面の様子を想像していけばいいのか。何度も何度もスラスラと読めるようになるまで音読を繰り返せばいいのか。

　その方法として，私の「自力読み」が提案するのは，「大きな三つの問い」をもって読み返すこと。

　　物語の「大きな三つの問い」
　①　最も大きく変わったことは，何か。
　②　それは，どのように変わったか。

> ③ それは，どうして変わったか。

　小学校国語教室で子どもたちが出会う物語は，様々な出来事の流れの中での「変容」を描く。そして，その「変容」を読み取ることこそが，物語の読みの中心であり，読者である子どもたちそれぞれが自分の「作品の心」（その物語が読者である自分に「生きるってね，人間ってね……。」と最も強く語りかけてくること）を受け取ることの基盤である。

　子どもたちに，「クライマックス場面」（山場）こそ，物語において最も重要な中心場面であると説いてきた。それは，この「クライマックス場面」が，「物語全体を通して，あること（多くは，中心人物の「心」）が，最も大きく変わるところ」，すなわち，変容が最も明確に描かれる場面だからだ。

　「自力読み」の学習過程を踏まえて，出来事の大きな流れを捉え，全体構成を検討して「クライマックス場面」を押さえてきた子どもたちは，ここで「大きな三つの問い」を自然にもつ。

> 　クライマックス場面はやはりこの場面だ。確かに，何かが大きく変わっている。この「何か」はおおよそは見えている。
>
> 　けれども，その「何か」をもう一度詳しく作品全体を読み返すことにより明らかにしよう。関連して，その物語全体を通して最も大きく変わった「何か」は，どのように変わったのかについて，クライマックス場面を中心に自分の読みをもってみよう。さらには，どうして変わったのか，その変化の理由についても作品全体から検討していこう。
>
> 　この物語では，「何が，どのように，どうして」変わったのか？　この三つの問いをもとに詳しく読み返す過程で，きっと，この物語は，少しずつ少しずつ自分に強く語りかけてくるだろう。その強く語りかけてくるものこそが「作品の心」。
>
> 　自分なりの言葉で受け取った「作品の心」を表現するまでには時間がかかるだろう。でも，それが楽しみだ。さあ，これから，読み返してみよう。

　この「大きな三つの問い」は，物語によって異なる問いではない。もちろん，懸命な教材研究をもとに教師が提示する発問でもない。子どもたちがつくる共通学習課題でもない。「変容」を描く，すべての物語そのもの自体がもつ，言わば，「必然の問い」である。

　この「最も大きく変わったこと」に関わる「三つの大きな問い」についての自分の考えを持つためには，物語全体を深く読み返し，出来事の流れを明確に押さえつつ，人物の行動や心情，人物関係の変容を読み取らなければならない。

　そして，そのような読みの過程を通して，「作品の心」を自ずと受け取ることができる。

　国語授業は，基礎・基本となる「言葉の力」を育むことをその目標の第一に置かなければならない。言葉を読む力・言葉を書く力・言葉を話し・聞き，言葉で伝え合う力，その「言葉の力」は，言うまでもなく「生きる力」そのもの。

特集◎基礎・基本に立ち返る

●

数の操作と図形の学びという基礎・基本

●

金山 憲正○かなやま　のりまさ

1　数の概念を育てる学びの基礎・基本

　小学校学習指導要領の算数科において内容を構成する領域の一つとして「数と計算」があることはよく知られているところである。その反面，「数」と「計算」を対にして領域名としているのには何かわけがあるのだろうかとの問いに対して，的確に答えられた人の数は，教員対象の研修会に参加されていた教員の方でも多くなかった記憶がある。この「数と計算」と表記されている領域名は，単にそれぞれの指導内容を示すに留まらず指導に際しての基本的な姿勢に関わるねらいが含まれているのである。そのねらいを十分理解した上での指導によって，算数科がめざしている「数学的な見方・考え方」を働かせながら「知識及び技能」，「思考力，判断力，表現力等」や「学びに向かおうとする力や人間性等」を身に付けた子どもを育てることが期待できるのである。

　「数と計算」領域の内容の指導では，基本的な数の概念を捉えたり計算の仕方を考えその技能を身に付けたりすることが主なねらいとなっている。これら

のねらいをより確かに達成させるためには,「数」と「計算」のそれぞれを個々別個としてではなく，関連付けることによって互いについての理解がより深まるものと捉えることが大切である。つまり，計算の仕方を形式的に扱うのではなく，既習の数の仕組みと関連付けて数学的な考え方を働かせながら筋道立てて計算の仕方を考え出す活動を通すことにより，その過程で用いられた数についての理解がより確かなものになるのである。当然その一連の活動は数学的な考え方が随所に働いているので,「数」「計算」の理解を深めているとともに数学的な考え方を育てていることにもなっているのである。「計算」は「数」の概念をより深めるための「操作」であると考えることができる。このことは新しい数が導入されたり数範囲が拡張されたりした後には，必ずそれらの数を対象とした計算の仕方を扱う機会が設けられていることからも明らかである。改訂前の学習指導要領までは見られていた「量と測定」という領域が,「測定」という操作を通すことによって「量」の概念形成を図ろうとしていたのと同じねらいであると考えるとより深い納得を得られるであろう。

2 「だからそうなのか」に気づかせる数の操作と学び

ここでは第1学年の「繰り下がりのあるひき算」と第5学年の「小数のわり算」を例に取り上げる。どちらの例も数ではなく計算ではないかと思われるかも知れないが，計算は数の概念を育てていく上で効果的な役割を果たす操作であることは先ほどから述べてきたところである。その計算という操作を数の理解に結び付けるためにはどのようなことに留意して指導にあたることがポイントになるのか具体的に紹介する。

繰り下がりのあるひき算では，子どもはおはじきやブロックなどの操作や数を合成・分解することを手がかりとして「減加法」と「減々法」の2つの考え方で残りを求めてくる（図1）。減加法というのは13−7を例にすると，まず，ひかれる数の13を10と3に分けて10から7をひいて3，次にその3と10と3に分けた3をたして6とする考え方である。一方，減々法はひかれる

数の13の3に目をつけてひく数の7を3と4に分けて13からまず3をひいて10とし，次に10から残りの4をひいて6とする考え方である。どちらも子どもがこれまでに学習してきた数の合成・分解の知識と具体的な操作とを結びつけて見つけ出してきた価値ある考え方である。この後学習する第2学年における繰り下がりのあるひき算の筆算では，減加法を使っての処理となることを見通した場合，ここでは減加法の考え方の定着を図っておくことが大切である。

しかし，教師が一方的に減加法の考え方の方が分かりやすいからとか，これからはこちらの方で計算しましょうなどと働きかけることは避けなければならない。減々法で考えた子は自分が考えたお気に入りの方法が理由も十分に分からないまま否定されてしまったと捉え，学習への意欲が低下してしまうからである。

ここでブロックを用いた具体的な操作が納得を引き出すのに大きな役割を果たすことになる。どちらの考え方をした子どもにも，上に示した2つそれぞれの考え方でのブロック操作を試させ，7個をサッとひけたのはどちらの動かし

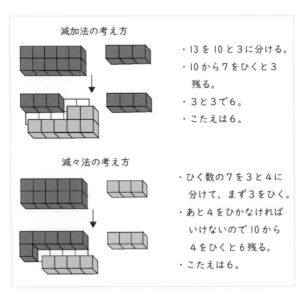

図1

方かを振り返ることにより，はじめ減々法の考え方をしていた子も 10 のかたまりから 7 を取る方法の簡便さに気づき，減加法の考え方での処理に強い抵抗を示さなくなる。さらに，7 個を数えて取らなくても 10 個のかたまりの方の 3 個を残すように取ればさらに能率的に操作できることに着目し，減加法を活用することにより 10 の補数についての理解も深まることとなる。

　小数のわり算の学習においても小数の仕組みと計算の仕方とを関連付けて筋道立てて筆算形式をつくり出していく活動を通すことによって，数としての小数の仕組みが明確にとらえられることになる。

　あまりのある小数のわり算では，大きくとらえると図 2 に示すように，①わる数の小数点を消す段階，②わられる数の小数点を消す段階，③あまりに小数点をもどす段階，の 3 つの段階がある。小数の理解を深めるには筆算形式におけるそれぞれの段階で生じることが予想される「なぜ」「どうして」などの疑問を，「だからそうなのか」の納得に変えることが重要である。図 2 に各段階における留意点をあげてあるので参照いただきたい。

　新しい計算の仕方を考える際には，内容の系統性を生かし既習の計算の仕方

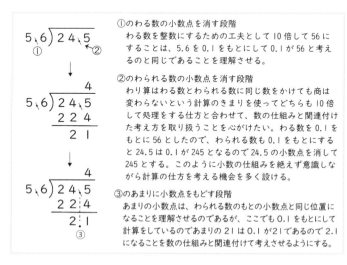

①のわる数の小数点を消す段階
わる数を整数にするための工夫として 10 倍して 56 にすることは、5.6 を 0.1 をもとにして 0.1 が 56 と考えるのと同じであることを理解させる。

②のわられる数の小数点を消す段階
わり算はわる数とわられる数に同じ数をかけても商は変わらないという計算のきまりを使ってどちらも 10 倍して処理をする仕方と合わせて、数の仕組みと関連付けた考え方を取り扱うことを心がけたい。わる数を 0.1 をもとに 56 としたので、わられる数も 0.1 をもとにすると 24.5 は 0.1 が 245 となるので 24.5 の小数点を消して 245 とする。このように小数の仕組みを絶えず意識しながら計算の仕方を考える機会を多く設ける。

③のあまりに小数点をもどす段階
あまりの小数点は、わられる数のもとの小数点と同じ位置になることを理解させるのであるが、ここでも 0.1 をもとにして計算をしているのであまりの 21 は 0.1 が 21 であるので 2.1 になることを数の仕組みと関連付けて考えさせるようにする。

図 2

や数の仕組みとを結び付けて，筆算形式が数の仕組みを利用した処理の仕方であることに気づかせ，そのよさを理解させることが大切である。

たとえば，図2の小数のわり算において，わる数の小数点を消す段階では，「わる数が5.6だから計算できない」→「整数なら計算できる」→「計算できるように整数にする工夫は？」→「これまでにも同じような場面に出会ったことがあるのでは」と，上手く処理できない原因を把握し第4学年での何百でわるわり算で学んだ考え方と結び付けるのである。つまり，図3⑤のわる数600をこれまでに計算ができるようになっているわり算にするため100をもとにし，それにあわせてわられる数の4900も100をもとにして計算し，既習の考え方と関連付けるのである。そのことにより，①のわられる数の小数点を消す段階において，わる数の5.6は0.1をもとにして56としたのだから，わられる数も0.1をもとにして245とすることの理解が深まる。このように既習の数の仕組みを手がかりとして数学的な考え方を働かせ筆算の仕方を考えることは，筆算形式の習熟だけでなく小数の相対的な見方や数学的な考え方が育つことも期待できる。

また，③のあまりの処理の段階においても4900÷600のわり算⑤でのあまりの処理と対比して考えることにより，あまりの小数点の位置をなぜもとの位置にもどすのかということの理解が深まるのである。24.5÷5.6を0.1をもとにするという工夫により既習の整数のわり算で処理するという，数の仕組みと計算形式とを関連付けて考えようとする学び方を育てたいものである。

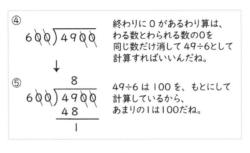

図3

3　図形の学習における基礎・基本

　学習指導要領では先に述べてきた「数と計算」とは異なり，「図形」と単に対象となる概念だけで領域名となっている。これは，図形に対する小学校での操作は多種多様であり，一つの用語で表現するのは当を得ないためである。しかし，裏を返せば図形の概念を深めるための操作はそれほど多くあるということを物語っていることになる。図形概念の理解を図るためには，多種多様な操作の特徴を把握し，子どもの発達の段階に応じた適切な時期や場面でそれらを効果的に関連付けて指導することが極めて重要である。

　第1学年を例に挙げてみると，仲間分けしたり，形遊びをしたり，箱を積んだり，箱でものを作ったり，面を写し取ったりする等の数多くの操作がある。またこの他にも，色板の面を合わせたり，棒で線をつないだり，ジオボードの点を結んだりして図形をつくる操作等もある。これらの操作は，ものの形を認め，形の特徴について捉え，図形についての理解の基礎となる経験を豊かにしていくことをねらいとしているのである。それだけに，このような活動を適切な場面で指導内容に応じて様々に繰り返すことで，図形に対する多様な見方が働き図形の概念の理解が深まり，あわせて思考力等も育っていくことが期待できる。

　このことは図形領域全ての内容においてあてはまるものであるので，指導にあたっては図形の概念を深めるために関わる操作というものを，いかに効果的に経験させるかということを重視していきたいものである。

体感を通した操作……………………………………………………………………

　図形の学習の第一歩は，ものを弁別する際の一つの観点として形というものがあるのだという意識をもつことから始まる。ものの形については「さんかく」「しかく」「まる」などと呼んだり，その特徴を調べたりできるようにするのである。しかし，子どもは身近にある厚紙やマーク等を，形に限定せずに多様な視点から捉えていくことが予想される。厚紙は何色か，何でできているかなど，

目的に応じて，色，大きさ，材質，形等の多様な属性に着目するのがごく自然である。その状態の子どもに対して，ものを弁別する際には多様な観点があり，その中の一つに形があるのだという意識がもてるように指導することが大切である。

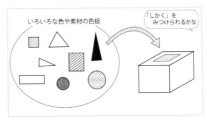

図4

図4は，多様な観点の中から形という観点に着目してものを弁別する経験をさせる例である。色や素材の異なる色板や厚紙の「さんかく」「しかく」「まる」が入った箱の中から，指示された色板や厚紙を手探りで見つけ取り出す活動となっている。

この操作には二つのねらいがある。一つ目は見えない箱の中にあるため，直接見て判断する色や大きさなどの観点は捨象され，形という観点に限定して着目しやすいことである。二つ目は，手探りで弁別する際には自ずと図形の構成要素を意識して目的の形を探す操作が導き出されることである。例えば「さんかく」の形を見つけようとしているときには，手に触れた厚紙の「かど」の数が3つあるものを探す活動になっており，これは体感を通して図形の構成要素である「かど」とその数に着目して弁別する操作であると言える。

課題を解決した後の「どのようにして見つけたのか」「どれにも言えることは」などと操作の過程や結果について振り返る活動は，この例に限らず図形の概念を深めていく上で重要な役割を果たすので大切にしたいものである。

筋道立てた考えを育てる操作………………………………………………………

図形領域には作図という操作がある。この作図というのは図形の定義や性質の理解を深めるのに効果的な働きをする操作である。その効果を十分に発揮させるには，目的の図形を作図する際に「なぜこのようにするのか」と手順を考えたり，「これで本当にかけたことになるのか」など結果を振り返ったりする活動を取り入れる必要がある。手順を考えたり結果を振り返ったりする際には，必ず図形の定義や性質に基づきそれらを根拠として判断することになるため，

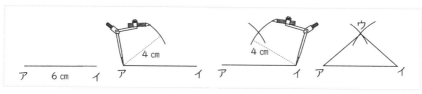

図5

定義や性質を意識する機会が多くなり自ずと理解が深まるのである。そのような理由から，指示された手順にそって正確に目的の図形を作図したとしても，それだけでは作図という操作の価値は半減するということなのである。では，どのような

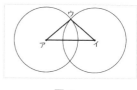

図6

ことに留意する必要があるのかを二等辺三角形を作図する活動を例にあげてみる。

　例えば，底辺6㎝で等しい長さの2つの辺が4㎝の二等辺三角形アイウを作図する際には，図5のようにまず6㎝の底辺をかき，次にその両端の点アと点イのどちらからも4㎝の距離にある点ウの位置をコンパスを使って決めるといった手順が一般的であろう。

　しかし，コンパスの「与えられた点から等距離にある点を見つける」という機能がまだ十分理解し切れていない子どもにとっては，図5の方法でどうして二等辺三角形がかけたことになるのかを自信を持って説明することが難しい。

　工夫の一つとして図5の作図が終わった段階で，同じ半径の円が重なった中にできた三角形がえがかれた図6を提示し，三角形アイウが何という三角形であるか説明する活動を取り入れる。図6では円全体が見えているため，辺アウと辺イウはどちらも円の半径になっているので同じ長さであることが捉えやすく，三角形アイウが二等辺三角形である理由も筋道立てて説明することができる。この活動の後，図5と図6を対比して見直すことにより，図5の底辺の両端点から等しい距離の点をコンパスで見つける方法は，図6の点ウを見つけることと同じであることを理解する。このワンステップがコンパスの機能を十分

に理解し切れていない子どもに，図5で作図した三角形が二等辺三角形になることを納得させるのである。また，同時に円の半径はどこでも等しいという性質の理解や正三角形と二等辺三角形の関係についての理解が深まることも期待できるのである。

日常生活に活用できることに気づかせる操作……………………………

　学習したことが身の回りに起こる問題の解決に生かされていることを知ったり，自分が実際に使って解決したりすることはあらゆる学習への取り組みの意欲を高めることになる。それだけに知識を知識として終わらせてしまわないで

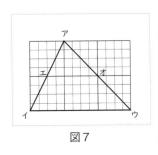

図7

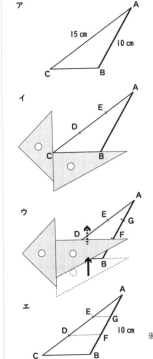

① 10 cmの線分 AB をかく

② 点Aから3等分できる長さ例えば 15 cmの線分 AC をかく

③ 点Cと点Bを結び三角形 ACB をつくる

④ 15 cmの線分 AC を 5 cm ずつ区切り3等分する点を点Dと点Eとする

⑤ 左図のように2枚の三角定規を配置する

⑥ 2枚の三角定規の2つの辺が点Cで垂直に交わっているか確認する

⑦ 左図のように辺 CB に沿わせて置いた三角定規を他方の三角定規の辺に沿わせて点Dまで移動させ辺 AB との交点をFとする

⑧ 続けて点Eまで同じ操作を行い点Gを見つける

⑨ これで 10 cmの線分を点F，Gで3等分できたことになる

※ エからこれら一連の操作は も分かるように縮図・拡大図の活用そのものである

図8

知恵に変えることをめざすとともに，学ぶことのよさや楽しみを感じ取らせることを大切にしたい。特に高学年の図形領域にはそれに適した内容が数多く含まれているので効果的に取り上げたいものである。

例えば，第6学年の縮図・拡大図の学習が終わった後に発展的な扱いとして，10cmの線分を3等分することを考える場を設ける。既習の知識では小数で3.333…ずつ，分数で$3\frac{1}{3}$ずつ区切るとよいと，計算はできてもその長さを計器で測りとることができないので困惑することになる。

解決するには縮図・拡大図の関係を利用すればできることを知らせ，図7を提示して辺に関して気づくきまりについて話し合う。そこでは，三角形アエオは三角形アイウの$\frac{1}{2}$の縮図である，辺エオと辺イウは平行である，点エと点オはそれぞれ辺アイと辺アウを2等分していることなどを確認する。

その上で図8の①から⑨の手順を一つずつ図7で見つけた縮図と拡大図の関係のきまりのどれを利用しているのかを確かめながら作図を進めていく。特に②の段階では，線分ACの長さは線分ABを3等分する場合なので3の倍数にしたが，7等分するのであれば7の倍数にする必要があることにも気づかせる。また，点D，点Eを通って辺CBと平行な直線の作図に困難さを感じる子

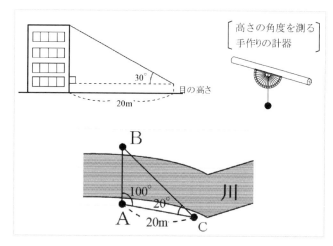

図9

どもの存在が予想できるので，第4学年の垂直・平行の学習を想起させ三角定規を用いた平行線の作図方法についての理解と習熟を図ることにも留意する。このような操作によって10cmの線分を3等分できたという事実も大切であるが，その背景には習得した縮図と拡大図の内容が生かされていることに着目させたい。さらに学んだこの方法で実際に運動場でリレーのスタートラインを6等分してみたり，縮図と拡大図の関係を利用して校舎の高さを測ったり，川を挟んだ地点Aと地点Bとの距離を測ったりすることも経験させてみたい（図9）。こうした活動を通すことによって，教室で学んだことが日常生活の中でいろいろな場面で活用できることを知り，算数の有用性を知り学ぶことの楽しさを実感することになるのである。

　学びの基礎・基本というものは，子どもに学ぶことの楽しさやよさを感じ取らせることの継続によって身につくものであるとの信念をもって，指導にあたることが重要である。

文献

梶田叡一「『学びに向かう力』とは何か」梶田叡一責任編集・日本人間教育学会編『教育フォーラム
　64』金子書房，2019，pp.6-13

金山憲正『思考力アップのための算数的活動のポイント』ERP，2013

文部科学省『小学校学習指導要領解説　算数編』日本文教出版，2018

特集◎基礎・基本に立ち返る

●

いつも自然に親しむ

ただそれだけで豊かな感性がおのずから育つ

●

菅井 啓之○すがい　ひろゆき

1　感性の土台作りはまず自然に親しむことから

　学ぶという行為を大まかに分ければ，「知る，感じる，考える，行う」ということに集約される。その中で本来の理想的な学びの順序は，まず世界に触れる，ものに直接触れることから何かを感じ取る，ここからすべてが始まる。特に自然との触れ合いの中での感性に注目すれば，自然そのものに接すること，触れること，その行為や活動の継続として「親しむ」こと，これが感性を育てるための要点である。しかしただ単に，自然に触れさえすればよい，何度も親しみさえすればよいというものではなく，その触れ合い方，親しみ方にこそ豊かな感性を磨き上げるコツがある。一言でいえば，形式的な触れ合い方ではなく，心に響く出会い方を必要とする。誰しも何かに出会えば何かしらの心の揺れや変動を感じるものである。教育活動において，それをより深い感じ方へと導くためには，その糸口を示すことが大切である。もちろん出会うだけで心の響きを感じる子どももいれば，ほとんど何も感じない子どももいる。しかし，食い

つきのきっかけを与えるだけで，その受け止め方は大きく変えられるものだ。

2　豊かな感性を育むための心構え

① 親しむ　⇒出会う回数を多く，しかもより深く

② 気づき　⇒自分にとって初めての発見が大切

③ 美を求める心　⇒自然の美を感じ，味わおうとする心を起こす

④ 好奇心・興味をもってみる　⇒不思議さ面白さは感動の源

⑤ 直感を磨く　⇒知識や考えではなく，そのもののいのちに直に触れる

⑥ 先入観なく素直な心で見つめる　⇒いつも初めて出会った新鮮さ

⑦ 丁寧に（心を落ち着けて，集中して）見つめる　⇒一人での活動

⑧ 静けさ，落ち着き，ゆっくり，じっくり　⇒繊細な心で愛情をもって

⑨ 知ることではなく，存在そのものに目を向ける姿勢　⇒いのちと出会う

⑩ 続け積み上げる　⇒自然に親しむことを継続していけば感性は深くなる

3　身近な自然をこのように見れば感性は磨かれる

　草や木，虫や鳥，魚や動物，小石や雲，などありとあらゆる自然物は，見れば見るほどに完成された美の姿を有している。自然のもつ美しさを静かに見つめると，その背後には必ず整然とした秩序があり，理法，節理，法則性が底流している。その自然界の大いなる働きに触れることで，私たちの眠っていた感覚が呼び覚まされて，何かしらひきつけられる魅力を感じるようになる。その小さな気づきや面白さ，不思議さ，驚きなどがきっかけとなって私たちの感性がより繊細に働きだすのである。このような小さな体験の積み重ねが，いつの間にか自然界の存在に対して，敏感により深く感じることのできるセンスを育てていくのである。

　以下に，身近な自然物を通して，感性を磨き深めていくきっかけづくりのための視点を示していくこととする。

（1）自然が織りなす模様……………………………………………………

　自然は必ずしも野山に行かなければ出会えないものではなく，家の中の板の間にも唯一無二の絶妙な模様を楽しむことができる。最近は板の間そのものが激減しているが，社寺などでは出会うことができる。

　自然の中の模様を探し出して楽しむことは，千変万化しながら，その奥に流れる秩序の美しさに触れることになる。

年輪が作り出す模様は一つとして同じものはなく，波のような模様は穏やかな自然の風情を感じさせる。人工的には描けない自然のみが作り出すことのできる味わいである。この面白さに気づきたい。

雲が織りなす模様はなじみ深いものである。誰しも目にする機会がある。しかし，日常的には空の雲を見上げてその時々の模様や形を楽しむことは忘れられがちである。日々意識的に空を見上げる習慣をつけることで感性は磨かれる。

雲を見ると，形に目が向いて何かに似ていると見立ててしまうことがよくある。それも一つの見方であるが，同じ雲も模様としてとらえ見つめるならば，また違って見えてくるものである。模様はあるパターンの繰り返しなので，その視点で見つめてみると，自然界の営みの一端が見えてくる。自然の動きを感じるのである。

クロマツの樹皮はうろこ状にごつごつしている。ジグソーパズルのようにも見える。近くの公園などでよく見かけるクロマツは葉や樹形も独特だが，樹皮の分厚さやその割れ方には他の樹種にはない独特な雄大さやたくましさが感じられる。

左：ハチの巣，右：ハスの実（昔はハチスと呼ばれた）
よく似た模様の繰り返し。そこにそれぞれ独特の個性が輝いている。虫と植物なのにこれほどに似るとは不思議？

（2）葉一枚にも感性を磨く力あり！……………………………………

秋になると木の葉が色づき始める。その色づき方が面白い。この葉は葉脈に沿って葉緑素が抜けていくので，太い葉脈が現れたように見える。このような葉の変化に気づくことが感性を深める。
（よく見かけるアカメガシワという木）

葉を日光に透かして見ると，写真のような細脈がくっきりと見える葉がある。この細い繊細な葉脈の隅々にまで根から水が行き届いているすごさ！　葉の微細な構造に目を向けることでその美しさの裏に巧みな働きを見る。

コケにも葉がある。普段はまったく気にもしないコケの葉を改めてじっと見つめてみると，コケの種類ごとに違った葉を広げていることに気づく。こんなにも小さな葉をつけて生きていたのかと驚かされる。別世界に遊ぶ瞬間。小さなコケが心に響く何かを与えてくれる。

（3）大きさがもつ偉大性，小ささがもつ神秘性…………………………

イチョウの古木（樹齢800年）
これだけの大木に出会うことはまれであるが，近所の社寺や公園では大きなクスノキなど普段出会わない大きな樹木があるものである。古木に近づき下から見上げる。樹の肌に触れてみる。長年生き抜いてきた偉大な生命の迫力が伝わってくる。そのような経験こそが感性を深く耕してくれる。

たかがナメクジ。しかしその動きをゆっくりと観察したことがあるだろうか？　小さくとも誇らしげ。「ナメクジがナメクジしている」。その小さな生命が輝いてみえるのが不思議。

公園の古い木製のベンチの上に生えた小さな小さなキノコ。ツノマタタケというどこにでもあるごく普通のキノコだが，こんな場所にでも出現して自分の自然界での役割である木材の腐朽に精出している。この小さな世界にも気づくことが感性。

（4）まったく別物の共通性……………………………………………………

どこにでも生えている雑草の代表，ヒメムカシヨモギの葉の配列を真上から見たもの。とても美しく花のように見える。このような葉の配列によって，葉に均等に日光が当たるように仕組まれている。見事な配列！

見慣れたタンポポの花も真上からじっくりと見つめてみると，花びらの配列の美しさに驚くとともに，その巧妙さにいのちの働きの偉大さを感じる。花を見て名前を知っているというだけでなく，名前以前のいのちのありようを静かに見つめてみたい。

路上に生えているコケ。誰も触ってもいないのに，コケ玉のように美しい円形をした群落を形成している。おそらく四方八方に均等に成長していった結果の形なのだろう。まさに自然のなせる技！

（5）意外性に驚く

木の切り株はどれも円いものだと思い込んでいる。そのようなことは普段考えてもいないし，切り株をみようともしないからだ。ある日，公園でいくつかの木が根元から切り倒されている場面に出会った。

ふと見つめると，円形ではなく異様な形をしている。感性が揺り動かされる。

（6）みんな違うことを改めて見つめることで感性は揺り動かされる…

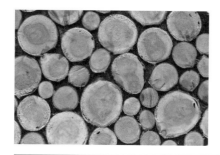 

公園の隅で剪定された枝が積み上げられていた。よく見れば，少しずつ年輪の入り方や形が異なっていた。一方，河原で小石を見つめると，様々な形や色，質をした小石がぎっしりと集まっている。どれ一つとして同じものはない。頭では多様性について理解できていても，実際に小石が山のように敷き詰められているところを見ると，実感して納得できる。形，色，質，実に多様である。自然界の多様性を実感できるのが，河原である。

4　実物に触れるきっかけづくりを

　身近な自然との触れ合いで感性の基礎を培うには，子どもたちを直接自然と触れ合わせることが何よりも最善の方法である。自然そのものが最高の先生である。しかし，ただ何となく自然に向かわせてみても，何も感じることもなく

虫取りに興じたり，自然物を使って遊んだりと，意図せぬ方向に動き出すこと
が往々にしてある。そこで，大切なことは今までに具体的な事例を挙げて述べ
てきたように，出会わせる視点を具体的に示すことで，そのきっかけを作り出
すことだ。例えば，ヨモギというどこにでも生えている雑草一つから感性を揺
り動かすには，ヨモギの葉をちぎってその独特の香りをかいでみることである。
においのような体で感じることは印象に残りやすい。また，実際に触れる前に
ヨモギの葉一枚の形を予想して描いてみることである。意外と描けないもので
ある。それは見ているようでほとんど見ていないからだ。ただ何となくの印象
はあっても，一枚の葉を詳しく観察している子どもはまずいない。

左のシルエットがヨモギの葉の全
体である。これが一枚の葉という
ことになる。
一枚の葉を丁寧に見ると，こんなに
も複雑に切れ込みが入っていて一見
どれが一枚なのかわかりにくい。日
ごろ私たちは草原や公園，道端でヨ
モギという草が生えているのはよく
見かけるが，あえて立ち止まって一
枚の葉の形にまで目を向けることは
ない。しかし，あえて一枚の葉の形
に思いを向けようとしたとき，意外
に複雑なことが見て取れたなら，す
ごい！　面白い！　という思いがお
のずから湧き上がる。これで感性が
揺すぶられたのである。このきっか
けづくりが感性の基礎を培うコツだ
と言える。

5　まとめ

　自然界に存在するすべてのものは，人工的に作り出すことのできない素晴らしい完成された美と秩序をもった存在である。どんなありふれた草でも，そこら辺に転がる石ころ一つにでも，アリ一匹にも人知をはるかに超えた叡智が詰まっている。その素晴らしい存在に触れることで感性が磨かれ深められないはずがない。あらゆる文化や学びの基礎となる感性は，もともと自然によって磨かれ構築されてきた。しかし今日のような人工的人為的なものが溢れかえっている暮らしの中では，感性を育む根幹であった自然から遠ざかり，本物から学ぶという体験がますます減少してきている。すべての学びの基礎である感性をより豊かに深く磨いていくために，今なさなければならないことは，「自然に親しもう」という活動に尽きる。考え振り返ってみれば実に単純で簡単なことである。私たち現代人は機械化や情報技術が進めば進むほどに，地に足の着いた歩み方・生き方を意識していかなければ足元をすくわれ転倒する。

　教育の場においても，今日改めて本物に学ぶ姿勢，自然から直接に感じ学び取る学びの重要性を再認識して，積極的に取り込んでいくことは必要であろう。自然が本来もっている教育力，感化力を最大限に受け止めて，自然を先生として，自然から謙虚に学ぶ姿勢を取り戻すことが，すべての学びの基盤になるものと考える。私が自然から多くのことを学んできた経験を振り返ってみても，書物や教師からではなく，直に自然から得たことの方がはるかに大きく心に深く焼きついている。上記に掲げてきた様々な身近な事例や具体的な事柄は，ほんの一端であり，道端を歩いていても至る所に自然から感性を学ぶ窓が開いている。そこに気づきさえすればいいのである。いや気づこうとするアンテナを張りめぐらし，自然の美を求め感じようとする志をもっていなくては，目の前に山のようにその出会いが積み重なっていても，見えないし出会えないことになる。

「心ここに在らざれば　視れども見えず，聴けども聞こえず，食らへどもその味を知らず」(大学伝七章・赤塚，1967 を筆者により現代表記に改めている)

感性の磨きは心によって行われるものであることを改めて心して進めたい。

参考文献

赤塚忠『新釈漢文大系 2 大学 中庸』明治書院，1967，p.130

特集◎基礎・基本に立ち返る

●

日本人の感性と教養の 基礎・基本としての伝統文化

●

渡邉 規矩郎○わたなべ きくろう

はじめに

　沖縄県那覇市若狭に「なぐやけの碑」と名づけられた那覇市戦没者慰霊碑が
ある。「なぐやけ」の意味について，碑の説明には「『なぐやけ』は『穏やか』『和
やか』という沖縄の古語で，いつまでも平和でありますようにとの祈りが込め
られています」とある。『旺文社古語辞典』(改訂新版，1988) を引くと「なぐ」
は「和ぐ」「凪ぐ」と出ていた。琉球（沖縄）の万葉集とも呼ばれる『おもろ
さうし』をひもとくと，「波風 和やけて」とよんだ神歌が巻十三「船ゑとのお
もろ御さうし」の中にいくつも出てきた（外間校注，2000）。日本本土では死
語となった「なぐ（ご）やけ」という素敵な言葉が南の島に伝わっていて，し
かも今に生きていることをたいへん嬉しく思う。

1 「いただきます」は日本の伝統文化の傑作

　かつて勤めていた大学の学生たちが，1年間の留学生活を終え帰国して語っ
たことがある。それは交流した諸外国の学生から最も多く尋ねられたのは，食

事の前に手を合わせて「いただきます」という言葉についてだったそうだ。他にも，学生たちが披露したお茶やお花に対して問われたのは，その所作よりも茶道や華道を生んだスピリットであり文化的背景だった。日本語でも説明が難しい問いに対して英語で説明しなくてはならず，学生たちは十分に答えられなかったという。

　「いただく」の漢字表記は，「頂く」，「戴く」。「頂く」は「食べる・飲む」の謙譲語と「もらう」の謙譲語なのに対し，「戴く」には「ありがたく受け取る」という意味もある。しかし，一般的には「いただく」を漢字表記する場合は「頂く」と表すことが多い。

　食事はいのちを支える，欠くことのできない営みである。食物はすべて天地の恵みによって生まれたもので，いのちあるものである。食事の始まりと終わりには，天地のはたらきとひとつひとつの食材のいのち，そして，食物を作る人たちなど，私たちの知らないところでお世話をしてくださった人たちへの感謝の心をこめて食前に「いただきます」，食後に「ごちそうさま」を唱え，おいしく，楽しく，ありがたくいただく。さらに，いのちあるものを食べて，わがいのちに替えるわけだから，そのいのちを生かしていくように心がけていただくように教え育てられ，それが自然な習慣になっている。

　一時，学校給食の場で「いただきます」「ごちそうさま」と唱えながら手を合わせるのは宗教的な作法であるとして反対する声もあったが，今はそうしたことはほとんどなく，若者と食事を共にすると，多くは食前に「いただきます」と手を合わせて食事する習慣が身についていて喜ばしい。

　学生時代，静岡県袋井市の寺院の可睡斎で禅の体験修行をしたことがあるが，曹洞宗には食事の前に唱える「五観の偈」という文があり，毎食前にそれを唱えた。最近，福井の永平寺で精進料理をいただいたときも，この作法に則って食事をした。道元の教えでは，朝起きてから寝るまでの生活そのものが修行で，特に食事を作ること，食事をいただくことは，重要な修行とされている。

　「五観の偈」には，①食物が食前に運ばれるまで，幾多の人々の労力と神仏の加護によることを思い感謝する，②私どもの徳行が足らないにもかかわらず，

食物をいただくことを過分に思う，③食物にむかって貪る心，厭う心を起こさ
ない，④食物は，天地の生命を宿す良薬と心得ていただく，⑤この食物を今か
らいただくのは，自分の道を成し遂げるためである——といった思いが込めら
れている。

　筆者は，中学・高校は岡山の私学で学んだが，中学に入学すると，昼食時に
は食前に「食物はみな，人のいのちのために天地の神の造り与え給うものぞ。
何を飲むにも食うにも，ありがたくいただく心を忘れるな」，食後に「体の丈
夫を願え，体を作れ，何事も体がもとなり」と唱和する指導を受け，その文句
は60余年を経た今も忘れない。

　後年，故郷の神社にご奉仕するために神職になると，関係者との会食の場で
は，食事ができるのは伊勢の神宮に祀られる天照大神（あまてらすおおみかみ）と豊受大神（とようけのおおみかみ）のお蔭だとい
う本居宣長の歌を唱和したのちに「いただきます」，「ごちそうさま」を唱えた。
　（食前）たなつもの百（もも）の木草もあまてらす日の大神のめぐみえてこそ
　（食後）朝よひに物くふごとに豊受の神のめぐみを思へ世の人（本居，1936）
　天からの恵として，畏れ多く頭上に捧げ戴くさまを形容する「いただきます」
という語は，日本人が生み出した素晴らしい傑作。「いただきます」の言葉ひ
とつに，日本の歴史と伝統文化が凝縮されていることを嚙みしめたい。

2　島に心を通わせ，自然の声を聴く感性

　50年余り前の昭和43年12月，川端康成はノーベル文学賞受賞記念講演「美し
い日本の私」（川端，2015）で，道元禅師の「春は花夏ほととぎす秋は月冬雪
さえて冷しかりけり」，明恵上人の「雲を出でて我にともなふ冬の月風や身に
しむ雪や冷たき」，良寛禅師の「形見とて何か残さん春は花山ほととぎす秋は
もみぢ葉」の歌，一休禅師，利休（「和敬清寂」の茶道，茶室），池坊専応（華道），
源氏物語，伊勢物語，古今和歌集，新古今和歌集などを取り上げ，うるわしい
日本人の感性を紹介した。
　そこにも登場する鎌倉時代前期の高僧・明恵上人は，京都・神護寺にあって，

かつて修行した生まれ故郷の紀州・湯浅の苅磨（藻）島あてに手紙を書き，使いに持たせた。

「島殿へ」宛てた手紙では，「島が木や石と同じように感情を持たないからといって，一切の生物と区別して考えてはなりません」とし，「ただただ恋い慕っておりながらも，お目にかかる時がないままに過ぎて残念です」「（島で修行して以来）立派な人以上に，ほんとうにおもしろい心の通いあう遊びの友とは，貴方であると心に深くきめ申しております」と島への心情を吐露している（平泉全訳注，1980）。

ここにも山川草木悉皆成仏，八百万神の日本人特有の思想・感性を見ることができる。

日本人は，草木や虫の声に耳を傾ける感性を持っていた。

「語問ひし磐根木根立草の片葉をも語止て」（大祓詞）

「草木もの言ふ」（古事記）

「さまざまの虫のこゑにもしられけりいきとしいける物のおもひは」
（明治天皇御製）（明治神宮編纂，1990）

筆者は，平成21年6月，四国霊場88ヵ所と別格20ヵ寺の巡礼を終えた結願報告に高野山にお参りした。その時に聞いた鶯の声は格別で，鶯の声を耳に，空海（弘法大師）作の漢詩「後夜仏法僧鳥を聞く」を吟じながら，奥の院に通じる杉木立の中を歩いた。

閑林独坐す草堂の暁　三宝の声一鳥に聞く

一鳥声あり人心あり　声心雲水ともに了々（日本吟剣詩舞振興会編，1986）

静まり返った夜明けの林の中，草庵に独り座していると，どこからともなく，仏法僧と啼くコノハズクの声が聞こえてくる。鳥は無心に啼いているが，人には感ずる心があり，その声が，迦陵頻伽（極楽浄土にいる美声で鳴く想像上の鳥）

の声もかくばかりかと思われる。そして，鳥の声と人の心が感応し，雲水に溶け合い，永久不変の真理を看得される，という意味である。

弘法大師は，仏法僧の声を聞いて大悟徹底の境地に達したといわれる。

外来の仏教は，日本の山森（高野山，比叡山など）の中で日本の仏教になったとされるが，なるほど，と実感できる。

3　和歌は教養人のたしなみ，伝統文化の中核

日本の古典で最も重要なのは和歌（短歌）であり，日本のあらゆる伝統文化の中核をなしている。それゆえ，新元号「令和」が日本最古の歌集『万葉集』を典拠として誕生したことは，実に素晴らしいことといわねばならない。

和歌は，「やまとうた」と呼ばれ，漢詩に対して日本固有の詩歌である。

和歌を論じた本格的な歌論のさきがけとされる紀貫之の『古今和歌集』仮名序は，その冒頭で「やまとうたは，人の心を種として，万（よろず）の言の葉とぞなれりける。世の中にある人，ことわざ繁きものなれば，心に思ふ事を，見るもの聞くものにつけて，言ひ出せるなり。花に鳴く鶯，水に住む蛙の声を聞けば，生きとし生けるもの，いづれか歌をよまざりける。力をも入れずして天地を動かし，目に見えぬ鬼神をもあはれと思はせ，男女のなかをもやはらげ，猛き武士の心をも慰むるは，歌なり…」（原文は平仮名）（佐伯校注，1981）と和歌の本質を説いている。

和歌は，素戔嗚尊（すさのおのみこと）（須佐之男命）がよんだ次の歌が最初といわれる（佐伯校注，1981）。

八雲立つ出雲八重垣妻籠みに八重垣作るその八重垣を

現在，和歌といえば「みそひともじ」（三十一文字）ともいい，5・7・5・7・7と句を連ね，31文字で綴る短歌を指す。

和歌をよむことは，古くは貴族をはじめとする教養層にとってはたしなみの

ひとつであり，男女がよみ交わして自らの心を伝える手だてとし，また歌合や
歌会が多く開かれ，そのための和歌が詠まれ披露された。

　貴族ばかりでなく，武士も和歌をよむことはたしなみであった。幕末の志士・
真木和泉守は，『何傷録』の中で，「平安の都より次第に道もおとろへて，文武
もかたよりなりしが，さすがに南北朝の時代までは，武士といふかぎりの人は，
閑雅にして，をりにふれていとやさしき事もありしぞかし。されば詩作らぬ人
はあれど，歌よまぬ人とてはなく，就中楠公は琵琶をよくせられ，新田中将は
笛を吹き，足利のしれものすらも笙をたのしみ侍りきとか」（真木，1974）と，
武士たる者で，漢詩を作らない人はいても，和歌をよまない人はいないと記し
ている。

　また和歌は，『千載和歌集』の序に「敷島の道も盛りにおこりにおこりて」
とあるように，「敷島」とも「敷島の道」とも呼ばれた。敷島とは大和国や日
本のことを意味し，「やまと」の枕詞のひとつで，和歌が「敷島のやまとうた（の
道）」ということで用いられた（久保田校注，1986）。

　「やまとうた」には，5音と7音を基調とした長歌・短歌・旋頭歌・仏足石
歌という4種類があったが，平安時代になると，「短歌」以外はほとんど作ら
れなくなった。そこで，「和歌」も「短歌」も基本的には同じだが，『万葉集』，『古
今和歌集』，『新古今和歌集』など江戸時代までに創作された古典のものを「和
歌」，明治以降に作られたものは「短歌」と呼び分けるのが一般的となった。

　幕末の越前福井に，清貧の歌人と呼ばれた橘曙覧という国学者がいた。その
歌風は，江戸時代には異色の万葉調の生活歌で，正岡子規に「万葉集に学びな
がら，万葉調を脱している。……源実朝以後，ただ一人の歌人である」（『歌よ
みに与ふる書』（正岡，1983））と絶賛された。

　曙覧は，貧しき中にあっても心豊かに清らかに生きようと，自らを慰め，励
ますために日々の生活の中で楽しく感じたことを歌にした。曙覧の歌には，「た
のしみは…」で始まって「…とき」で終わる，日々の生活や家族の幸せ，学問
への態度などをよみ込んだ「独楽吟」52首がある。

　その「独楽吟」の中の次の1首は，平成6年6月13日，クリントン米大統領（当

時）がホワイトハウスで催した天皇皇后両陛下ご訪米の歓迎レセプションのスピーチで引用して，広く知られるところとなった。

　　たのしみは朝おきいでて昨日まで無かりし花の咲ける見るとき（橘，1999）

　筆者は平成18年夏，福井市橘曙覧記念文学館を訪れた。この歌の説明には，クリントン大統領のスピーチ全文も掲げていた（中日新聞1994.6.14）。それによると，同大統領は「歌人橘曙覧が残した優雅な言葉に耳を傾けたい」として，この歌を読み上げ，続けて「この歌は百年以上も前によまれたが，その伝える心は時代を越えたものだ。1日1日新たな日とともに確実に新しい花が咲き，ものごとが進歩し，日米両国民の間の友好をはぐくむ」と述べている。

　なぜ米大統領の周辺に独楽吟が伝わったのか。伝えるところでは，ドナルド・キーン氏が編纂した『日本文学選集』（2008）の中に独楽吟の8首が英訳付きで紹介されており，ホワイトハウスのスタッフの1人がこの歌に注目，クリントン大統領も共感して，日本を代表する詩文としてこの歌が取り上げられたという。

4　連綿と続く国民参加の宮中歌会始

　毎年正月，皇居の宮殿・松の間において宮中歌会始の儀が行われる。天皇から庶民に至るまで，同じ「お題」に心を寄せて31文字の歌を詠む正月恒例の雅な風習は，世界に類のない国民参加の文化行事になっている。

　「歌会」とは，人々が集まり共通の題で歌をよみ，その歌を披講する会で，奈良時代にすでに行われていた。

　宮内庁のホームページの説明を要約すると，宮中では年中行事としての歌会などのほかに，毎月の月次歌会（つきなみのうたかい）が催されるようになり，天皇がお催しになる歌会を「歌御会（うたごかい）」といい，このうち天皇が年の始めの歌会としてお催しになる歌御会を「歌御会始（うたごかいはじめ）」といった。歌御会始の起源は，必ずしも明らかではないが，

鎌倉時代中期，亀山天皇の文永4年（1267）1月15日に宮中で歌御会が行われ
ている記録がみられることから，遅くともこの時代まで遡ることができるそう
である。

歌御会始は，江戸時代にはほぼ毎年催され，明治維新後も明治2年（1869）
1月に明治天皇により即位後最初の会が開かれた。以後，改革が加えられなが
ら今日まで連綿と続けられている。今では詠進歌数は2万首を超えており，天
皇陛下はそれら詠進歌のひとつひとつに目を通されているという。

5　稲作サイクルと密接に関連する和風月名

　日本神話によると，天照大神は天孫瓊瓊杵尊（ににぎのみこと）が高天原から降臨される際，
天上の清らかな稲を地上で作るように託された。これが神話として語られた日
本における弥生文化・稲作文明の発祥である。日本は昔から豊葦原瑞穂国（とよあしはらのみずほのくに）と
いわれるが，これは豊かな収穫の続く，みずみずしい稲のできるすばらしい国
という日本の美称である。

　日本の暦では，新暦になった現在も1月・睦月，2月・如月，3月・弥生，4月・
卯月，5月・皐月，6月・水無月，7月・文月，8月・葉月，9月・長月，10月・
神無月，11月・霜月，12月・師走という和暦の月名である「和風月名」がしば
しば使われている。この和風月名は『日本書紀』に登場しており，「きさらぎ」，「や
よい」，「うづき」，「さつき」と，今とまったく同じ読み方の訓注が記されてい
る。和風月名の起源は定かではないが，『日本書紀』に記載があることからす
ると，日本国家成立以前にさかのぼることができよう（坂本ほか，1993）。

　また，和風月名の由来は諸説あるが，最も注目したいのが農事，弥生文化
の根幹をなす稲作サイクルに起源を求める『大言海』の記載である（大月，
1982）。それは，12か月を示すという語自体が，本来，時間の量や年齢のほか，
穀物や稲，稲の実りといった意味をもっていることによる。「年」は「登志」
に語源があり，古くは穀物や稲のことを呼んだとされ，米をはじめとする穀物
の収穫のサイクルを「年」と呼ぶようになった。1年を守護する年（歳）神様は，

同時に農耕の神様，田の神様，稲の神様とされる。日本では古くから稲作が非常に重要だったことが，年神様の信仰の拠り所だと解釈できる（所，2003）。

　民間信仰では，先祖の霊（魂）は山に住んでいて，春になると田畑に降りてきて田畑農耕を見守るといわれているように，年（歳）神様は，農耕の神様への信仰と祖霊信仰が習合して生まれた神様ということができる。

　民俗学者の神崎宣武氏から聞いたところでは，「山の神」は年末に各家の門松をめがけて山から降りてきて「家の神」となる。そして鏡餅にも憑依して，鏡開きで鏡餅を割って各人が戴くのが御年玉（魂）の本来の意味。そして家の神は，春になると「田の神」となって稲作を中心とした農事を見守り，実りの秋には役目を終えて山に還り「山の神」となる，というサイクルを繰り返す。

　また，この稲作サイクル・プロセスは，春夏秋冬の四季の由来にも見ることができ，さらに，人生の大きな節目となる冠婚葬祭の人生儀礼（通過儀礼）とも相互に関連・対応しているといわれている。

　日本では，人間は肉体（身）と霊魂（心）から成り立っていると考えられてきた。人が生まれるということは母胎に宿った霊魂の出生である。人間が成長して一人前になるということは，肉体と共に霊魂も成育して，身心ともに充実した働きができる状態をいう。その働きが衰え，肉体から霊魂が抜け出せば死を迎えることになる。そして，死者の霊魂は，遺族や縁者の供養を受けることによって，死霊（仏）がやがて祖霊（神）となり，しかも子孫の肉体をかりて再生することができる，と信じられてきた。

　日本人が持ってきたこのような死生観は，外来の仏教やキリスト教などの教義には見当たらないが，日本では，神話の昔から，神仏習合の時代を経て，いまなお神道思想・民間信仰に根強く残っている。冠婚葬祭という言葉に代表されるさまざまな人生儀礼は，このような思想・信仰が根底にあり，霊魂の誕生・成育・再生を祈り，その働きをより盛んにするために行われてきたといってよい。四季や12ヵ月のサイクルも同様な思想・信仰で捉えることができる。

6 四季の移ろいに美の心を生み出す伝統色

　世界一の高さ（634m）を誇る東京スカイツリーは，日本の伝統美と近未来
的デザインの融合からなる。

　東京スカイツリーのホームページの説明を要約すると，タワーの構造は，法
隆寺の五重塔を参考にして，心柱（鉄筋コンクリート造の高さ375m・直径約
8mの円筒で内部は階段）により地震などによる揺れを抑える心柱制震構造で
ある。タワーの概観は，起りや日本刀のゆるやかな反りの曲線を生かした日本
の伝統建築の発想を駆使し，美的要素も盛り込まれている。このため，タワー
は見る方角によって，傾いているようにも裾が非対称になっているようにも見
える。タワーの色は，スカイツリーホワイト。これは日本伝統の藍白をベース
にした独自の命名のオリジナルカラーで，青みがかった白である。

　ライティングデザインは，江戸で育まれてきた心意気の粋と，美意識の雅
と，賑わいの幟という3つのオペレーションが1日ごとに現れ，今日に続く明
日，明日の先に続く未来を表現する。粋は，隅田川の水をモチーフとした淡い
ブルーの光で，タワーを貫く心柱を照らし出したライティング。雅は，江戸紫
をテーマカラーとしたピンクすぎず青すぎない上品な紫色である。

　藍白や江戸紫という伝統色が登場したが，日本の伝統色・和の色を百科辞典
等で見ると，数百もの色見本が載っている。それらのほとんどは，日本の四季
の移ろいの中に美の心を生み出したさまざまな伝統色である。

　日本人は古来より，暮らしの中に多彩な色合いを取り入れて，繊細な色の世
界を見出し，その豊かな情趣を愛でてきた。それらは多くの絵画，染織物，陶
芸，詩歌，文学として，生活や文化の中に深く息づいている。

　例えば，平安時代の女性たちの聡明で繊細な感性がうみ出した襲，装束の配
色美，中世の武家社会に見られる質実剛健さ，戦国武将たちの極彩色に満ちた
きらびやかな彩，山紫水明との調和を求めた閑寂な風流，そして侘び・寂びの
世界等々がそれである。また，長い歴史の中で，植物や生物，染料，その時代

の文化などから名付けられた色の名前も美しく風雅である。色の名前からも，繊細で微妙な色の違いを感じ取る日本人の感性を知ることができる。

　重色目（かさねいろめ）など色目と呼ばれるものは，平安時代の宮廷女性に端を発し，十二単（ひとえ）などの着物の装束の表地と裏地を重ねたときにできる混色のこと。当時の絹の糸は非常に薄く裏地の色が表によく透けるため，透けた裏地の色まで考慮する美意識の高さには驚かされる。

おわりに

　「八」の数字は日本では聖数とされる。末広がり，多大を意味し，大八島国，八百万神，八十島（やそ），八雲，八重垣，八咫烏（やたがらす），八岐大蛇（やまたのおろち），八王子，さらには嘘八百，大八車，八方除（はっぽうよけ）などに用いられている。鏡，剣，玉の神宝にも，八咫鏡（やたの）・八握剣（やつかの），八坂瓊勾玉（やさかにのまがたま）と，「八」の形容詞を冠らせている。中国の易では「八」を重視するが，一般には重陽の節句（９月９日）のように陽数の最大の「九」を重んじる。西洋では，「七」がラッキーセブンである。

　酸素（O）の原子番号は「8」。反応性に富み，他のほとんどの元素と化合物を作る。古代日本人が酸素の原子番号「8」を知っていたわけはないが，日本独自の文化を失うことなく，外来文化を受け入れ日本的に同化していった姿は，まさに反応性に富んだ酸素が化合物を作っていくように映る。

　その中心には皇室があった。皇室は文化学芸の擁護者・支持者・教導者としての役割，高い審美眼と高貴なる文物を選択し保存する重要な役割を担ってきた。高い見識は，幾世代にもわたる趣味と嗜好と感性の陶冶の結果として生まれる。その一端は宮中歌会始や御講書始の儀で垣間見ることができる。したがって，真・善・美・聖の価値を追求する文化的存在としての皇室は，これからも日本の伝統文化の源泉，根幹でありつづけるだろう。

　私どもは，「日本人の感性と教養の基礎としての伝統文化」をしっかりと見据え，道義国家・文化国家への道を歩んで行かなければならないと思う。

参考文献

藤原俊成撰，久保田淳校注『千載和歌集』岩波書店，1986

平泉洸全訳注『明恵上人伝記』講談社，1980

外間守善校注『おもろさうし（下巻）』岩波書店，2000

川端康成『美しい日本の私』KADOKAWA，2015

ドナルド・キーン編『日本文学選集』チャールズ・イー・タトル出版，2008

宮内庁ホームページ

　https://www.kunaicho.go.jp/culture/utakai/utakai.html

倉野憲司・武田祐吉校注『古事記祝詞新装版』岩波書店，1993

真木保臣『真木和泉守遺文』真木和泉守先生顕彰会，1974

正岡子規『歌よみに与ふる書』岩波書店，1983

明治神宮編纂『類纂新輯明治天皇御集』明治神宮，1990

森村宗冬『美しい日本の伝統色』山川出版社，2013

本居宣長『直毘霊・玉鉾百首』岩波書店，1936

日本吟剣詩舞振興会編『吟剣詩舞道アクセント付き漢詩集・絶句編』日本吟剣詩舞振興会，1986

小笠原清忠『小笠原流 日本のしきたり』ナツメ社，2008

大槻文彦『新編 大言海』冨山房，1982

佐伯梅友校注『古今和歌集』岩波書店，1981

坂本太郎・家永三郎・井上光貞・大野晋校注『日本書紀（上巻）』岩波書店，1993

橘曙覧著，水島直文・橋本政宣編注『橘曙覧全歌集』岩波書店，1999

所功『「国民の祝日」の由来がわかる小事典』PHP研究所，2003

所功『天皇の「まつりごと」──象徴としての祭祀と公務』日本放送出版協会，2009

東京スカイツリー公式サイト

　https://www.tokyo-skytree.jp/index.html

上田賢治『神道のちから』たちばな出版，1995

渡邉規矩郎『日本って何だろう』廣済堂，2021

特集◎基礎・基本に立ち返る

●

生涯学習を支える基礎・基本とは

●

今西　幸蔵○いまにし　こうぞう

はじめに

　生涯学習は，わが国の教育の基本的な理念であり，教育政策の重要な観点として機能しているだけでなく，同時に，教育以外のさまざまな領域における概念として導入されている。それほど重要な概念であるにもかかわらず，国民の間では十分なコンセンサスが得られていないのが現状であろう。

　本稿は，生涯学習を教育領域の観点から考察し，概念自体の難解さや不定形的性質に起因する問題に加えて，臨時教育審議会（以下，臨教審）以降の国の文教政策上の解釈が微妙に異なるために今日に至るまで共通理解が得られていない生涯学習という概念とその機能に一定の解釈を与える。さらに，生涯学習を理念とする学校教育や社会教育に代表される生涯教育が，生涯学習体系の中でどのように位置づけられるのかを問いかける。

1　生涯学習の意味と意義

　教育基本法第3条は，教育の基本的な理念として生涯学習を示しており，そ

こで法規上の解釈がなされている。生涯学習という概念には，ユネスコが提唱した国際社会に共通する文教政策の理念である生涯教育が根本にあることは周知のとおりであり，環境・資源問題という困難な課題を抱えた地球社会に，教育哲学の分野から政策ロジックとして提案されたものである。

　1970年代に入り，ユネスコが設置した教育開発国際委員会（以下，フォール委員会）は，報告書『Learning to Be』を示し，教育に加えて学習の重要性を指摘した。新井郁男は，そこでは賢く，楽しく，健康に生きることを目指した学習社会論を主張したハッチンスの影響があるという（新井編，1979）。

　フォール委員会報告書は，「人間は決して成人とはならず，その生存は完成と学習の終ることのない過程であるといえるであろう。／人間は生存を続け，また進化していくために，間断なく学習をしていかざるを得ないのである」とし，「実際，人間は『完全な生活を目指す』ことをやめないし，完全な人間として生まれようとすることをやめない」と述べている（フォール著，教育開発国際委員会編，1975）。「完全な人間」をめざすという主体性の確立を「学習する」ことに求めたのである。さらに同報告書は，フロムの言葉「人間の全生涯が，自己自身を生み出していく過程にほかならない。真実われわれは死ぬ時においてのみ，完全に生まれるのである」を引用しており，脱工業化社会の教育原理として，人間の存在様式の変革が志向され，「to have」から「to be」への転換が不可欠であると指摘していると考える（ユネスコ編，1997）。

　つぎにユネスコが設置した21世紀教育国際委員会（以下，ドロール委員会）によって生涯学習の基本的な枠組みが形成された。1996年，生涯学習概念を「学習の四本柱」で構成したドロール報告書は，生涯学習を人間が社会を生きていく上での源泉，すなわち「社会の鼓動（heartbeat）」とした（ユネスコ編，1997）。ドロールは，報告書自体をユートピア的だとした上で，教育のプロセスの中で強調されるべき知識の獲得，更新および使用という三つの側面に基づいた学習社会を取り上げている（ユネスコ編，1997）。

　ユネスコが中心となって国際社会に提起された生涯学習は，わが国においては1971年の社会教育審議会（以下，社教審）と1981年の中央教育審議会（以下，

中教審）で議論され，その後は，中曽根康弘によって設置された臨教審（1984
～1987年）によって国民全体に広められた。四次にわたって答申を提出した臨
教審は，答申全体を包括するキーワードとして「生涯学習」を取り上げた。第
一次答申で審議会が問題提起した「不易流行」という言葉の意義は，すべての
国民が豊かに満足して生活するために変革が必要であることを求め，21世紀の
社会全体を活性化していくために，国民が自らの生き方，意識や行動を変革さ
せることを期待し，個人の全生涯にわたる主体的な学習こそが課題に応える手
段であると考えた点にある。臨教審第一次答申が示した「個性重視の原則」は，
個人の尊厳，個性の尊重，自由・自律，自己責任の原則を求め，成熟した民主
主義社会の建設を「教育」と「学習」の両者の機能に委ねた。そこには，国際
平和を追求してきたユネスコの，平和は政治や経済の力によって得られるもの
ではなく，個々の人間が心の中に平和の砦を築くことによって達成するもので
あるという主張があり，平和を希求する個の育成といった目標がある。

　ところで，臨教審が審議した内容は教育領域を超えたものであった。冒頭で
述べたように，「生涯学習」は教育以外のさまざまな領域の概念に内包された
ものになっている。たとえば，第三次答申は「生涯学習を進めるまちづくり」
を取り上げ，「まちづくり」という具体的な課題を示すことによって，自治体
行政のあらゆる分野の施策に波及する生涯学習の内容を示した。「人の生涯と
同じ長期にわたり，社会全体へ拡がりをもった連続体としての教育である」（ユ
ネスコ編，1997）生涯学習を行政施策に導入することは，行政活動に学習性を
担保することである。行政の各領域において学習機能が共有化され，それが有
機的連携に基づく基盤を形成し，行政課題を解決していく構造改革を企図した
ものと考えるべきであり，一方では地域のコミュニティの復権をめざすもので
あった。

　その意味では，生涯学習は主体的な活動を可能とする市民を育成する機能で
あり，コミュニティ形成を目的とする成人による「教育」と「学習」によって
活動が具現化され，今後の社会における成人の需要に応えることになる。そう
であるがゆえに，生涯学習は公教育の制度原理の制限を受ける社会教育の限界

性を超えたものとして，ホリスティックな発想から理解する必要がある。

2　生涯学習と生涯教育

　生涯学習に関わる解釈の問題で，よく議論されることに生涯学習と生涯教育の相違の問題がある。この解釈の問題は生涯学習を理解する上で重要であるだけでなく，生涯学習を支える基礎・基本とは何かという本稿の論旨につながる。
　生涯にわたる学びのあり方，進め方の問題であり，主体的・能動的な側面の強い「学習」と受動的な支援に基づく面が強い「教育」という二つの機能の相違から一応の解釈はできるが，より明確な解釈としては，両者の関係を的確に示した1971年の社教審答申がある。「今日の激しい変化に対処するためにも，また，各人の個性や能力を最大限に啓発するためにも，ひとびとはあらゆる機会を利用してたえず学習する必要がある。（中略）ひとびとの教育的要求は多様化するとともに高度化しつつある。こうした状況に対処するため，生涯教育という観点に立って，教育全体の立場から配慮していく必要がある」として生涯教育の役割を示し，「生涯教育という考え方は，このように生涯にわたる学習の継続を要求するだけでなく，家庭教育，学校教育，社会教育の三者を有機的に統合することを要求している」と述べている。
　この答申を受けて，1981年の中教審答申「生涯教育について」は，「今日，変化の激しい社会にあって，人々は，自己の充実・啓発や生活の向上のため，適切かつ豊かな学習の機会を求めている。これらの学習は，各人が自発的意思に基づいて行うことを基本とするものであり，必要に応じ，自己に適した手段・方法は，これを自ら選んで，生涯を通じて行うものである。この意味では，これを生涯学習と呼ぶのがふさわしい」とし，「この生涯学習のために，自ら学習する意欲と能力を養い，社会のさまざまな教育機能を相互の関連性を考慮しつつ，総合的に整備・充実しようとするのが生涯教育の考え方である。言い換えれば，生涯教育とは，国民の一人ひとりが充実した人生を送ることをめざして生涯にわたって行う学習を助けるために，教育制度全体がその上に打ち立て

られるべき基本的な理念である」として生涯学習と生涯教育の相違を示し，教育基本法第3条にある「理念」としての生涯学習の役割を求めた。

このような生涯にわたる学びが，国際社会全体において求められるようになった背景には，心理学分野の研究が着実に成果を示したことにある。エリクソンやピアジェらによるライフサイクル研究が，生物学分野の研究を超えたものとして「発達」を「環境」との相互関係で示し，「人格形成」との関係を表した。その結果，従来，否定的に捉えられていた青年期以降の成人の発達に対する教育の提供が肯定的に理解されるようになり，ノールズは子どもから成人に至るまでの自己概念の変化において，人間発達の特徴を見出す研究を行い，今日の生涯学習理論の基盤となるアンドラゴジーを体系化した。

人間発達について堀薫夫は，日本語の「発達」と「成長」は，いずれもが人間が伸びていく，高まっていくというニュアンスにおいて近い用語であるが，両者の原義は異なり，成長という概念は人間的価値に近づいていくプロセスを意味し，発達は英語のdevelopmentに該当すると解釈している（堀，2010）。また堀は，「発達」と「（写真等の）現像」との共通性を指摘し，developmentの本来の意味は「時間的経過につれて，内にかくされていたものが徐々に立ち現れてくるプロセス」にあるとする藤永保の説明に基づき，「現像」という作業と人間発達とは同じ意味を持つ価値中立的な用語であると説明する（堀，2010）。

この堀の説明から想起できることは，フォール報告書が，自己自身を生み出すという表現で「現像」の過程を表し，全生涯にわたる学びの意味を「完全な人間として生きる」という到達すべき目標として示し，「人間の身体的，知的，情緒的，倫理的統合による『完全な人間』の形成は，教育の基本的目標の広義の定義である」（堀，2010）としたことである。このことは，教育基本法第1条の「人格の完成」に相通じることを再確認する必要があろう。

3 生涯教育の機能と役割

　1981年の中教審答申は,「人間は,その自然的,社会的,文化的環境とのかかわり合いの中で自己を形成していくものであるが,教育は,人間がその生涯を通じて資質・能力を伸ばし,主体的な成長・発達を続けていく上で重要な役割を担っている」と述べている。生涯教育には,生涯学習という一つの体系全体が打ち立てられるべき教育システムを成り立たせるための基盤(基礎・基本)としての役割がある。「生涯を通じて資質・能力を伸ばす」という文脈から,生涯教育の目標を資質・能力の向上に求める学力論に注目する必要があろう。

　そのことは,基礎・基本の部分を形成する教育内容について問うことにもなる。「キー・コンピテンシー」を提唱したOECDの教育研究は,付設の研究センターであるセリ(CERI)で進められた。同研究は,極めて多元的な価値観に基づいていると同時に現代の脳医学研究を重視している。また,21世紀社会が知識基盤社会であるという認識が根底にあり,セリによるデセコ計画は,個人の幸福と社会の発展をもたらす新しい学力概念を案出させた。

　セリが,デセコ計画とほぼ同時進行させているPISA調査研究において,知識基盤社会における能力が単なる知識や技能だけでなく,技能や態度を含むさまざまな心理的・社会的なリソースを活用して,複雑な課題に対応することができる力としてのPISA型学力を示したことと軌を一にする。

　OECDは,教育は教科や科目を教えるということではなく,知識や技能が役に立つような「人間」を育てることにあると考えている。それは21世紀社会の複雑性と流動性が背景にあり,2005年の中教審答申が,「知識に国境がなくグローバル化が一層進む。知識は日進月歩であり競争と技術革新が絶え間なく生まれる。知識の進展は旧来のパラダイムの転換を伴うことが多く,幅広い知識と柔軟な思考力に基づく判断が一層重要になる」としたことに結びつき,知識基盤社会の到来をふまえての議論が求められた。

　知識基盤社会に生きる「人間」にとっては,新しい知識の創造,継続と普及,

活用が社会の発展の基礎となり，そのために生涯学習が大きな役割を持つ。知識基盤社会においては，知識を創造する人への投資が重要で，国境を越えた知識の急速な伝播・移動によって競争と技術革新が生まれ，相乗的にグローバル化が進展するとされる。自ら課題を見つけ，考える力，柔軟な思考力，身につけた知識や技能を活用して複雑な課題を解決する力，および他者との関係を築く力，豊かな人間社会を形成しようとする総合的な「知」が必要であり，コンテキストにおいて，生涯学習の基本原理である「総合性」「統合性」が認められる。

　こうした力は，社会を構成，運営するとともに，自立した人間が社会を強靱に生きていくための総合的な力としての「人間力」を指す。筆者は，この「人間力」の要素である「ヒューマン・キャピタル（Human Capital）」訳語としては人的資本に注目すべきであると考える。今後の生涯学習の推進に関わる教育の柱として，OECDが2002年度の政策レポートにおいて提言した「人的資本」は，教育の経済的意義と社会的・個人的利益との差異を埋めるものとして取り上げた広義の概念であり，環境・資源問題をふまえて，個人の成長と社会の発展が望まれていること，社会における階層間での教育格差の是正が必要なことから，OECD，ユネスコ及び世界銀行などが案出した概念である（OECD編著，2006）。

　「人的資本」においては，教育の目標を人生全体に対する準備としてとらえ，人が学ぶ意欲を持ち，自己の能力を準備，運用，発展させる能力を求め，生産能力といった直接的な概念ではなく，人が知識，スキルやコンピテンシーを維持，活用できるような個性を資本として理解する必要がある。この個性には，学習する能力，やる気が含まれ，必要とすることを効率的にみつけることができる力，作業をうまく運ぶことができる人柄，仕事がうまくいったことを人生の喜びと感じる能力が含まれる（キーリー著，OECD編，2010）。人的資本は，社会構成原理の一つである「ソーシャル・キャピタル（Social Capital）」訳語としては社会資本とは対照的に，個人に着目し，その個性と資質や能力を高めることを必要とする。「あらゆる行動は個人が自分自身の利益を合理的なやり方で追求することの結果として生じるもの」（フィールド，2011）という考え方が原

点にあり，経済的視点から人間発達の諸要素の重要部分をなすと考えられている。アダム・スミスの『国富論』に見られるマクロ経済学的発展過程の用語であり，健全な暮らしと人間の本性，すなわち富裕（prosperity：繁栄＝適宜性）」に至る道に関わる研究から発した概念であり，経済活動の自己規制による適宜性を満たす理論から導かれている。

　スミスが求める真の利己とは，個人の利己的な意向を自己規制できる人間の本性を形成するものである。自己規制できるには，道徳的に「善」なる生き方をふまえ，他者への共感といった活動によって協同しようとする力が要る。それは，自己利益の追求のもとに生活の改善を図り，社会に関わり，自発的に協同を作り出す力であり，教育力としてどう育成するのかが今後の課題となる。

4　教育機能の統合化

　ラングランらが案出した「生涯教育」は，lifelong integrated education の和訳である。訳者の波多野完治は，深慮のもとに「integrated（統合された）」を直接的に和訳しなかったが，生涯教育論の鍵概念の一つであることは間違いない。

　ラングランの提案について，伊藤俊夫は「統合の概念は，人々の生涯にわたる学習を保障することを前提に，教育が行われる場や機会，内容を相互に，かつ，時系列的なラセン形に統合し，その実をあげようとする教育機能の総合的構築論である」とした上で，水平的統合の概念，垂直的統合の概念，内容的統合の概念，手段的統合の概念の4つに類型化されると説明している（伊藤，1985）。

　また，山田誠は，integrated を生涯教育論の鍵概念とし，教育のシステム化原理のもとでの生涯教育の中心的概念の一つとして，教育（学習支援）システムの統合に関わるものと，生涯教育の理念として，個人における（人格の）統合に関わるものとに大別されるという（山田，2013）。

　教育システムの統合については，「教育過程の統一と統合」の必要性に基づき，「教育の過程の異なった側面や時機の間に連絡を設定し，それらの連接や相互

依存関係を明らかにする」ことであり，「人生それぞれの時に最優先されるべき学習環境というものがあるには違いないが，これらことなったいくつもの学習環境の相互補完性の価値もおろそかにしてはならず，一つの職教育形態から他の形態への移行をもっと容易にすべきであろう。その目的は教育の真の一貫性を維持することにある」（山田，2013）というドロール報告書の指摘がある。

さらにラングラン報告書は，「学校教育の世界にも学校外教育の世界にも生涯教育のいろいろな要素はすでに存在しているとはいえ，欠けているのは責任を適切に配分することを許し，どこでも必要が感じられている構造の改革を考えたり準備したりすることを助けるような，教育問題の総合的な見方であるとして一連の調和化を求めている」（ラングラン，1984）と述べ，学校や他の代替的な形態の学習環境の間に，相互補完と協力を求めている。この指摘は，学校外教育（non-formal education）を学校教育（formal education）に統合することによって教育は社会資源となり，社会は教育に全幅の責任を負い，教育は社会を新たにしていくという解釈になる。学校教育内においても，教科基盤カリキュラムから目的基盤カリキュラムへの移行について統合論で論議されるべきである。

また，ラングランは，生涯教育の理念としての個人における（人格の）統合に関わる問題として「人格の統一的全体的かつ継続的な発達を強調する」生涯教育の理念を具体化する上で，教育を包括的にとらえ，構造化することが必要だとした。フォール報告書は，「人間の身体的，知的，情緒的，倫理的統合による『完全な人間』の形成は，教育の基本的目標の広義の定義である」（ラングラン，1984）として個人の統合を希求するところに生涯教育の意義を示し，こうした考え方は，ドロール報告書では，学校には人格の統合という重要な役割があるとされた。

5　生涯学習の今後の展開

最後に，生涯学習の目的・目標とそれを支える生涯教育の今後の展開につい

ての私見を述べたい。生涯学習の目的・目標は多岐にわたっているが，第一に，生活の質（QOL）の向上をめざす学びであり，生涯にわたって QOL を高めることが期待される。第二に，個人の自己実現の可能性を追求できるような場があることであり，第三に，次の時代に向かう新しい価値を創造できるような学びが広がることが社会的に担保されることを必要とする。

　生涯学習社会の実現のためには，経済的，社会的かつ文化的な諸政策において「教育」が戦略的に位置づけられていることが望ましい。生涯教育の役割がますます重要になり，中でも個人の能力や資質の開発に関わる学校教育は，社会教育との統合化をめざして相互補完と協力を進めつつ，社会全体に影響を与える可能性を追求しなければならないだろう。

　前述したように，山田は生涯教育の枠組み研究における議論として，教育のシステム化原理と理念としての個人における（人格の）統合に関わるものに大別しているが，現実，教育のシステム化は政策によって進展しているように見える一方，個人における人格的統合である「完全な人間」に近づこうとする教育研究は今後の検討課題だと考える。こうした実情から，教育研究全体における「人間教育」研究の役割が重要であり，今後の深化を期せねばならない。

引用文献

新井郁男編「ラーニング・ソサエティの意味」『現代のエスプリ』至文堂，1979，p.9, p.12

フォール，E. 著，教育開発国際委員会編，国立教育研究所内フォール報告書検討委員会（平塚益徳 代表）訳『未来の学習』第一法規出版，1975，p.186, pp.187-188

フィールド，J. 著，矢野裕俊監訳，立田慶裕・赤尾勝己・中村浩子訳『ソーシャル・キャピタルと生涯学習』東信堂，2011，p.32

堀薫夫『生涯発達と生涯学習』ミネルヴァ書房，2010，pp.3-4

伊藤俊夫「政策レベルの生涯教育概念」岡本包治・山本恒夫編『生涯教育とは何か──課題から実践へ』ぎょうせい，1985，pp.48-49

キーリー，B. 著，OECD編，立田慶裕訳『よくわかるヒューマン・キャピタル』明石書店，2010

ラングラン，P. 著，波多野完治訳『生涯教育入門 第１部』全日本社会教育連合会，1984（再版），

pp.58-59

OECD編著，御園生純監訳，稲川英嗣・川崎陽子・小杉夏子・高橋聡訳『世界の教育改革2 OECD教育政策分析』明石書店，2006

ユネスコ編，天城勲監訳『学習：秘められた宝──ユネスコ「21世紀教育国際委員会」報告書』ぎょうせい，1997，p.13, p.15, p.77, pp.85-86

山田誠「(生涯) 教育・学習論における『統合』概念──E．C．リンデマンの『統合』論を中心に」『日本生涯教育学会論集』34，日本生涯教育学会，2013，pp.43-52

特集◎基礎・基本に立ち返る

●

幼児教育で大切にすべき基礎・基本
これからの幼小連携接続を見通して

●

善野 八千子○ぜんの　やちこ

1　子どもの育ちと学びをつなぐ責任

　平成29（2017）年12月に閣議決定された「新しい経済政策パッケージについ
て」において、「幼児教育の無償化をはじめとする負担軽減措置を講じること」
と併せて、「幼児教育・保育の質の向上も不可欠である」とされた。

　幼児教育の基礎・基本については、子どもの育ちと学びをつなぐ責任におい
て、幼小連携接続を見通した論述が肝要である。

　今、幼小連携接続の取組は、玉石混淆である。善野（2019）は、「教育行政
における幼小接続期の政策形成についての考察」をまとめ、1989年の生活科の
創設以降から今日に至る幼小接続に関するカリキュラム（以下、幼小接続カリ
キュラム）をめぐる教育政策の概要を時系列に沿って整理した。

　第1に「生きる力」における「学習の基盤」をめざす段階、第2に「小1プ
ロブレム」の予防・解消をめざす段階、第3に安全で安心な学校生活をスター
トさせる段階、第4に学びに向かう子どもを育てる段階に分類して検討した。

幼小接続の要請と独自性の担保を内包しながら変化してきた幼児教育が，国家戦略としての義務教育に「学習の基盤」となる幼小接続カリキュラム開発を推進し，幼小接続カリキュラム編成のさらなる強化が，近年の学力政策をはじめとする教育改革の一つとなっていることを考察した。そして今，第5段階に向かう途上にあると言えるだろう。

　文部科学省（2021）は，幼児教育スタートプランの実現に向けて，「学びや生活の基盤を支える幼児期からの教育の充実を図り，施設類型や地域，家庭の環境を問わず，全ての子どもに対して格差なく質の高い学びを保障する『幼児教育スタートプラン』の具体化を強力に推し進める。」としている。

　2021年9月1日，中央教育審議会（2021）「幼児教育と小学校教育の架け橋特別委員会」における第3回資料の論点整理と意見集約を以下に抜粋しておきたい。

　「海外においては長期縦断研究とそのメタ分析としての展望研究から，幼児期の教育がその後の生涯にわたる学業達成，職業生活，家庭生活等で多面的に影響を与えることが実証的に明らかにされてきている。中でも，『保育（教育）』の質が発達に与える影響が正負いずれの影響も及ぼすことも示されている。」「OECDの研究によれば，質の高い幼児教育・保育の効果として，言語の使用やアカデミックスキルの芽生え，早期の識字および計算，社会情緒的スキル等の様々な領域の子供の早期発達と就学後のパフォーマンスにとって有益であることを指摘。健康的な摂食習慣や身体活動習慣の定着の後押しなど，健康・ウェルビーイングにも効果が及ぶ。労働市場への参加，貧困の削減，異なる世代間の社会的移動性及び社会的統合の向上など，その後の人生における成果にもつながるエビデンスが増加。」と示された。

　本稿では，子どもの学びと育ちをつなぐ責任において，主に架け橋委員会の配布した「資料1-2」の関連項目をふまえて方向性を確認しながら，幼児教育において大切にすべき基礎・基本を小学校教育以降の「これからの幼小連携接続」を見通して論じていく。

2　幼児教育における遊びを通した学びの特性

　先述の善野（2019）で,「後に,小学校教育におけるスタートカリキュラムは,『適応指導を長くやるという意識からまだ出ていない』,『小学校低学年の学び方を変えるものになっていない』と批判されている（幼児期の教育と小学校教育の円滑な接続の在り方に関する調査研究協力者会議, 2010）。『スタートカリキュラム』と言う名の下に,生活科の実践の入り口から『適応指導へのすり替え』というバイアスがかかっていないかという視点での実践研究の考察も必要である。」と指摘したところである。

　そこで,幼児教育における遊びを通した学びの特性について,「自然遊び」と「言葉遊び」を取り上げ,その重要性と効果について述べていく。

（1）幼児教育における「自然あそび」……………………………………

　就学前の幼児教育では,身体と感覚・感性を通じた体験が必要である。「遊び」を通じて,見て,聞いて,嗅いで,味わって,触ってといった五感を通した身体活動を伴う直接体験ができ,総合的な学びに繋がる。

　小学校生活科においては,就学前の幼児教育の経験を想起することは重要な活動となる。「今日は〇〇の活動をしましょう」と意欲喚起の前に,まずは「入学するまでに,幼稚園・保育園・こども園でどんな遊びをしたことがありますか」と小学校の教師が問いかけることが,子どもを主体的な学びの主人公として育てるきっかけとなるだろう。

　幼児教育において遊びを通して育つものとして,筆者は次の7点を考えている。

①身体を動かすことによる身体能力の高まり

②身体的バランス感覚の育み

③危険回避及び対応・対処方法の育み

④挑戦しようとする意欲の向上

⑤諦めない思いの醸成

⑥四季の変化への気付きや関心の深まり

⑦植物や昆虫などの生き物に触れたり，大切にしたりする心情の育み

　また，遊びの場と発達に着目した研究もある。内野（2021）は，「2017年10月から2018年3月に収集した，全国45都道府県の幼稚園，こども園340園の管理者を対象にした質問紙調査において，全国の幼稚園，こども園のうち，約4割の園に築山があること，保育形態は一斉保育よりも自由保育の傾向が強い園に築山がある割合が高いこと，築山の主な自然物構成要素は，『土』，『草花』，『樹木』の3点であること，『斜面』と『トンネル』は築山での遊び場を特徴付ける2大要素であることが確認されている。築山の設置目的は，『遊びを豊かにするため』という大目的の中に『身体能力の向上』と『自然との触れあい』という目的があることが確認される。」と述べている。

　続いて，「築山が一番学びの効果があると認識された項目は，『身体を動かすことで身体能力が高まる』，『挑戦しようとする気持ちが育つ』，『バランス感覚を育む』，『危険に対処する方法が身につく』，『四季の変化を知る事ができる』，『植物や昆虫と触れあうことで，生き物を可愛がり，大切にする気持ちが育つ』，『忍耐力が身につく』の7項目であること」と述べている。

（2）幼児教育における「言葉あそび」………………………………………

　幼児教育においては，保育の原理である「子どもが現在を最も良く生き，望ましい未来を作り出す力の基礎を培う」ことを実現させるために5領域に分類して保育を行う（内閣府・文部科学省・厚生労働省，2018）。

　健康：心身の健康に関する領域

　人間関係：人とのかかわりに関する領域

　環境：身近な環境とのかかわりに関する領域

　言葉：言葉の獲得に関する領域

　表現：感性と表現に関する領域

　これら5つの領域に基づいた保育を実施することで，子どもの総合的な心身の発達を促すことができるとされている。また，幼稚園教育要領，保育所保育

指針幼保連携型認定こども園教育・保育要領（平成29年改訂）において，「育みたい資質・能力」の３つの柱は，小学校教育につながることが明確にされている。

① 「豊かな体験を通じて，感じたり，気付いたり，分かったり，できるようになったりする」ことは，「知識及び技能の基礎」が身に付くことである。

② 「気付いたことや，できるようになったことなどを使い，考えたり，試したり，工夫したり，表現したりする」ことは，「思考力，判断力，表現力等の基礎」が身に付くことである。

③ 「心情，意欲，態度が育つ中で，よりよい生活を営もうとする」ことは，「学びに向かう力，人間性等」であり，小学校同様に非認知的スキルである。

　とりわけ，先述の③において，「人間関係」「表現」「健康」「環境」などと重なり合いながら育成されていく。

　さらに，「小学校学習指導要領解説国語編」では，我が国の言語文化に関する事項で，伝統的な言語文化〈第１学年及び第２学年〉が以下に示されている（文部科学省，2018）。

　「イ　長く親しまれている言葉遊びを通して，言葉の豊かさに気付くこと。(中略)

　言葉遊びとしては，いろはうたやかぞえうた，しりとりやなぞなぞ，回文や折句，早口言葉，かるたなど，昔から親しまれてきたものが考えられる。また，地域に伝わる言葉遊びに触れたり，郷土のかるたで遊んだりする活動を通して地域特有の言語文化に親しむことも考えられる。

　言葉の豊かさに気付くとは，言葉のリズムを楽しんだり，言葉を用いて発想を広げたり，言葉を通して人と触れ合ったりするなど，言葉のもつよさを十分に実感することである。」

　日常生活や自然の移り変わりに根差した言葉遊びは，リズムの面白さなどを踏まえれば，幼児が遊びながら学べるものとなる。幼児教育における基礎・基本の根幹をなす重要な点は，子どもが主体的な遊びの中で試行錯誤し考えることであることを忘れてはならないだろう。

3 幼児教育における意図的な環境設定の工夫

　遊びと学びの環境を創る要素には，「ヒト・モノ・コト・トコロ」がある。

　いうまでもなく，「ヒト」とは人的環境であり，もっとも多くの時間に子どもと接する保育者，園児，他の職員や保護者・地域の人々等である。

　ここでは，「モノ」として物的環境を中心に具体的に取り上げる。

　子どもが登園してから降園するまでの活動する空間にはどのような物的環境が工夫されているだろうか。子ども自らが働きかけたくなるモノには，季節によって変化する自然物としての栽培・命あるモノの飼育もある。また，自ら手に取って見たくなる絵本や絵画などもある。

　ここでは，保育を見える化できる「保育ドキュメンテーション」で示してみることとしたい。保育ドキュメンテーションとは，イタリアのレッジョ・エミリア市が発祥の幼児教育法で用いられている手法である。レッジョ・エミリア教育は，1991年にアメリカ・ニューズウィーク誌で「最も革新的な幼児教育」として取り上げられ，世界的に注目を集める教育法として知られている。

　ディスカッションがしやすいように，1つのプロジェクトを4〜5人のグループで実施することもあり，そのプロジェクト活動の様子をパネルにまとめて展示するのが，保育ドキュメンテーションとされている。子どもたちがパネルを見ながら活動を振り返り，次に活かすことを目的として作成する。

　環境の工夫をした一例の保育ドキュメンテーションをここで2枚挙げてみよう。

　これは，「環境の工夫から子どもの探究や科学的な見方や考え方の素地へ」をテーマとしたものである（子どものつぶやきや気づきはここでは割愛）。保育の質を保育者が確認するだけでなく，子ども自身と保護者，第三者評価者にも気づきが共有され，さらなるスキルアップを目指すために作成されたモノである。さつまいもの収穫の畑という「トコロ」で，芋掘りという「コト」が行われ，その後の描画や，さつまいもの蔓で製作したリースの展示といった「モノ」まで，すべて連続した環境の工夫となっていることがドキュメンテーショ

ンから見てとれる。

4 「幼児期の終わりまでに育ってほしい姿」を実践に生かす

　学習指導要領に示された「幼児期の終わりまでに育ってほしい姿」は到達目標ではない。学びや生活の質を高めていくために，一人一人の子どもの姿を捉え，保育者・教員の関わりや環境の構成を改善・充実していくために活用すべきものである。そこで，発達や学びのプロセスの質の評価のためには，日々の保育計画や振り返りの視点として可視化することが重要である。決して10項

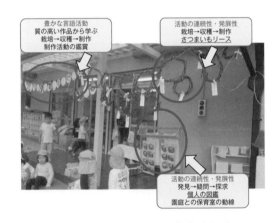

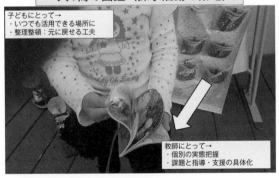

目に分類することが目的ではなく，総合的な活動を改めて 10 の姿に落とし込んでみるという形になるであろう。筆者はそのような思いと願いを持って以下の表を作成している。

　現時点では実証研究の検証までには至らないが，活用実践している園の保育者から次のようなリフレクションが見られた。

　「10 の姿のスプレッドシートのコメントをいつも楽しみにしております。卒園までに育ってほしい姿を目に見えてわかる形で，日々意識できるのがとても良いです。自分自身の記録として残っていくことも，財産になっていてうれしいです。これまでは，他のクラスが何をしているかはわかっていましたが，担任がどんな思いで保育をしているのかを知ることができるようになったのも，大きな一歩です。これからも，10 の姿を意識した保育を展開していきます」

　また，他の事例として見えてきたのは，表 1 の記入を継続することで「社会生活との関わり」が記載されていないことに気付くこともあった。「情報を伝え合う」ということはしていたのではないか，「朝のニュース」などを担任から話すことや年長組では当番さんが今日の発見やテレビの子どもニュースから情報を伝え合うということも「社会生活との関わり」ではないかなど，意識し

表 1 「幼児期の終わりまでに育ってほしい 10 の姿」の実現を可能にする保育日誌
（2021，善野八千子作成）

10 の姿 設定保育	○月○日（△）曜日 通常保育（○時　降園）		
	年少	年中	年長
	かえるの体操	しゃぼんだま	かたちあそび
1　健康な心と体			
2　自立心			
3　協同性			
4　道徳性・規範意識の芽生え			
5　社会生活との関わり			
6　思考力の芽生え			
7　自然との関わり・生命尊重			
8　数量・図形，文字等への関心・感覚			
9　言葉による伝え合い			
10　豊かな感性と表現			
子どもの様子			
願いや思い			

た活動に改善されていった。このように「遊びや生活に必要な情報」を意識しながら，「10 の姿」が総合的に活動に組み込まれていくのではないかと考えられる。

5　幼児期の特性を踏まえた ICT の効果的な活用

アメリカの作家であるマーク・プレンスキーが提唱した言葉に「デジタルネイティブ」がある。本節では，デジタルネイティブを「生まれた時からデジタル環境に親しんでいる世代」と定義し（中央教育審議会，2021），幼児期から小学校教育までを対象に ICT の活用を展開していく。

今後ますます IT化する社会において，デジタルを学習に活かす力は大きなアドバンテージとなることであろう。GIGA スクール構想により「1 人 1 台端末」の教育環境が実現することで，保育教育の場でも ICT を活用しながら，子どもの学びが社会とつながる協働的な学びの実現が重要となる。

昆虫や飼育動物，園で栽培している植物等の子どもが関心を持った観察物をタブレット等で写真撮影し，保育室でじっくり見直したり，情報共有したりすることは効果的な活用となるだろう。従来の虫眼鏡が頼りの観察活動では安全配慮の点から懸念があったアレルギー対策や熱中症対策にも役立つ。

活動後は，写真を整理して「○○園の四季図鑑」として，前学年から次学年にも引き継がれる。ICT を用いた「四季図鑑」は懇談会や園の行事の機会等で保護者にも共有し，子どもの活動の価値や意義を具体的に説明できる。さらには自然離れといわれる子どもと保護者のコミュニケーション材料にもなる。その後，そのまま小学校の生活科の活動に円滑につながることも大いに期待されるのである。

6　幼児教育の「主体的・対話的で深い学び」と非認知能力

ここまで，中央教育審議会「幼児教育と小学校教育の架け橋特別委員会」に

おける第3回資料の論点整理と意見集約を軸に幼児教育の基礎・基本について
筆者の考えを述べてきた。最後に「いわゆる認知能力と非認知能力は相互に関
連し，支え合って育っていく。それを総合的に育んでいるのが幼児教育。幼児
の体験の幅を広げ，質を深めるための関わりや環境の構成に取り組む必要。そ
の際，言語や数量等との出会い，人やものとの関わりなどを通した感情など
も，幼児にとっては貴重な体験であることを認識する必要」（中央教育審議会，
2021）という論を首肯して次の言葉でまとめとしたい。

　「よき聞き手，話し手」を育てること，粘り強くチャレンジする子どもを育
てることこそ幼児教育の基礎・基本である。急激な変革の社会において，幼児
教育の変化はあろうとも，「よき聞き手，話し手」を育てることは不易である。

　ここで示す保育ドキュメンテーションほど密な状態での「対話」の場は室内
外でもよろしくないのがニューノーマルの活動となるであろう。

　しかし，話し手をしっかり見て室内でも屋外でも自己統制をしつつ自己実現
に向けた主体的な対話ができるようになることに期待したい。

　梶田（2021）は，「主体的であるということは，（中略）自分の意思や判断に
もとづいて自分自身を適時適切に統制しつつ，粘り強く自己の目標実現に向け
ものごとを進めて行くといった状態を現出させている，と考えてよいのではな
いだろうか」と述べている。

　幼児教育から小学校教育において，「聞いてもらって良かった体験」は，「話して良かった体験」ともなり，主体的な話し手と聞き手の双方向の育ちとなることを確信するものである。

参考文献

中央教育審議会「架け橋特別部会」論点整理と意見集約

　https://www.mext.go.jp/b_menu/shingi/chukyo/chukyo3/086/siryo/1422639_00009.htm（2021年9月3日閲覧）

保育ドキュメンテーション

　https://hoikutizu.jp/articles/childminder/documentation（2021.9.20閲覧）

梶田叡一『自己意識論集V 内面性の心理学』東京書籍，2021

文部科学省『小学校学習指導要領（平成29年告示）解説国語編』2017

文部科学省『幼児教育スタートプランの実現』

　https://www.mext.go.jp/content/20210901-mxt_youji-000017746_4.pdf

文部科学省『幼児教育と小学校教育の架け橋特別委員会（第3回）配付資料』

　https://www.mext.go.jp/b_menu/shingi/chukyo/chukyo3/086/siryo/1422639_00009.htm

内閣府・文部科学省・厚生労働省『幼稚園教育要領，保育所保育指針』

内野彰裕「幼稚園の園庭の築山が幼児の発達に与える効果」学位論文審査報告書，2021

幼児期の教育と小学校教育の円滑な接続の在り方に関する調査研究協力者会議第8回議事要旨，2010年7月16日

　http://www.mext.go.jp/b-menu/shingi/chousa/shotou/070/ gijigaiyou/1303695.htm（2018年6月1日閲覧）

善野八千子「教育行政における幼小接続期の政策形成についての考察」『奈良学園大学紀要第11集』2019，99-112

特集◎基礎・基本に立ち返る

●

特別支援教育に求められる 基礎・基本とは

●

阿部 秀高○あべ ひでたか

はじめに

　文部科学省初等中等教育局特別支援教育課によって出された平成29年度特別支援教育資料（平成30年6月）によると特別支援学級に属する子どもたちの増加が顕著であり，そのことは，ここ数年の小・中学校において，様々な場面での適応の難しさが現れる子どもたちが増加傾向にあることを示している。いわゆる発達障害の子どもたちである。これらの子どもたちの多くは，義務教育段階では，多動傾向や体幹保持，言葉や文字の習得など，それぞれの教育的ニーズに合わせた支援を受けるため地域の小・中学校の特別支援学級に在籍し，通常学級との行き来による学校生活を送っている。増加する発達障害の子どもたちがよりよい学校生活を送り，さらに将来の自立をめざして特別支援学級や通常学級において身体的，認知的な支援をより専門的に行い，子どもたちの教育的ニーズをより詳しく見極め，学びを深めることによって自己肯定感を生み出すことにつながる特別支援教育が実践される必要がある。また，発達障害の子どもたちの学びをより確かにする学習，活動を行うことによって，学校だけでなく，あらゆる生活場面でより自分らしさを発揮できるようにすることは，す

べての子どもたちの成長保障を実現するに違いない。そのために，家庭や子どもが関わるすべての環境において，学校だけで終わらない切れ目のないつながりのある教育・支援を行うことができるインクルーシブ教育システムが求められているのである。

　そこで，本稿では，こうしたインクルーシブ教育システムによる特別支援教育を実現するために，これからの特別支援教育に求められる基礎・基本について整理していく。

1　子ども理解に関する特別支援教育の基礎・基本

　特別支援教育に求められる基礎・基本を考える上でまずは，子ども理解に関する基礎・基本をまとめていく。それには特別支援教育そのもののとらえ方が大きく関係する。特別支援教育とは，心身に障害のある子どもに対する教育を指すというのが一般的な解釈である。特別支援教育をより広義にとらえ，すべての子どもたち一人ひとりの教育ニーズに合わせた合理的な指導支援の実現をめざすのが，インクルーシブ教育という考え方である。障害の有無にかかわらず，多様性を認める教育といえる。身体の障害は合理的な支援の在り方が比較的明確であるが，目に見えにくい発達や心の障害については，ニーズが多様化するため合理的配慮の在り方を理解するのに時間がかかる場合が多い。しかしながら，発達障害のある子どもたちは，合理的配慮を子どものニーズに応じて受けることができれば，属する社会や環境の中で，その個性を発揮し，より豊かな社会生活を送ることができるのである。

　現在の学校において特別支援教育を進めるにあたって，特別支援を要する発達障害のある子どもたちの教育的ニーズをとらえることが課題となっている。そこで，筆者の出会ったたくさんの子どもたちと長年の教育経験に基づいた考えを含めて整理し，あらゆる子どもたちの教育的ニーズをとらえるための基礎知識となる，発達障害のある子どもの特性とよりよいと考えられる対応を挙げる。

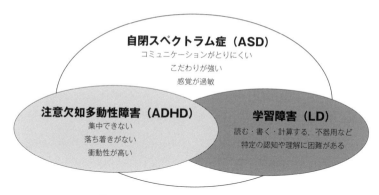

図1　発達障害（神経発達症）の分類

　現在の通常学校の特別支援学級に属する子どもたちの発達の傾向や現れている特性から分類すると図1のようになる。発達障害はDMS‐Ⅴ（米国精神医学会（APA）の精神疾患の診断分類，改訂第5版，2014）によると神経発達症と呼ばれ，診断名として広まりつつあるが，本稿では現在よりよく使われている発達障害と記すことにする。この発達障害には，図1に示した通り，自閉スペクトラム症（ASD），注意欠如多動性障害（ADHD），学習障害（LD）と呼ばれるものがある。これらは近年，診断名として定着しているが，発達障害の見立て，診断は，子どもそれぞれの状況が多様化・複雑化しているため，医学的なエビデンスとなる発達検査や知能検査などはあるが，その要因を器質的なものか，環境的なものかなど，明確に決めることは大変困難であるといえる。特別支援教育の基礎・基本として，これら3つを発達障害の子どもの特性ととらえ，本稿ではASD，ADHD，LDの特性と必要な合理的配慮について整理しておく。

⑴　自閉スペクトラム症の特性と対応……………………………………………
【自閉スペクトラム症の子どもの特性】
①　コミュニケーションがとりにくい
　喜怒哀楽の表現が苦手で，人に自分の感情が伝わりにくい。そのため，周り

の人に，何を考えているかわからないという印象を与えてしまいがち。さらに，ほかの人の感情にも無関心で相手の表情の変化やあいまいな表現は理解できにくい。話を聴くのが苦手で，自分の気持ちを伝えるのも苦手，相手の意図が理解しにくく，人間関係を構築するのが難しい。

② こだわりが強い

自分の興味関心，やりたいことに対する執着心が強い。好きなことにとことんのめり込み，そのことに対しては自分の能力を最大限発揮する。例えば，電車が好きな子が現存するほとんどの電車の形式，型番などの情報をすべて記憶しているなどである。また，生活では毎日同じ行動様式を好み，一つの動きを飽きずに繰り返し行うなど強いこだわりを見せる。そのこだわりは，子どもそれぞれによって違いがあり，急にルーティンを崩されたり，自分の思っている順序や様式が違ったりした場合，パニックに陥ったりすることがある。

③ 感覚過敏が強い

視覚，聴覚，嗅覚，味覚，触感覚などに過敏な反応を見せることが多い。例えば，肌触りに過敏に反応し，特定の服の肌触りを好み毎日同じ服を着ている，食べ物の食感，味にこだわりが強く，特定のメニューばかり食べるなどである。その反面，痛感や温度に対する感覚が鈍く，ケガ，熱中症などのリスクが高い。さらに，平衡感覚が鈍く，身体のバランスを保つことが難しく，姿勢保持が難しかったり，つまずいたりすることが多い。そのため，運動も苦手で，不器用な面がみられることが多い。

【自閉スペクトラム症の子どもへの対応】

① 言葉がけをシンプルに

言葉をそのまま受け取る傾向が強いので，あいまいな表現やこそあど言葉や，抽象的な言葉での言い換え，たとえを使った表現は混乱を招くので控えるようにする。目を見ながら，ゆっくりと伝えることを心がけ，短い言葉でより具体的に指示・伝達を行うとともに，繰り返し伝えたり，ほかの人から伝えたりする場合には，可能な限り，シンプルな言い方で伝えることを共通理解し，かける言葉を統一しておく必要がある。

図2　社会見学の1日に見通しを持たせる視覚支援の工夫例

② 視覚支援を行う

　自閉スペクトラム症の子どもたちは見通しが持てないと不安を感じるので，一日の活動やこれから行われる活動について，音声だけでなく，図2に示した視覚支援例のように絵や写真を使って一覧にしてみせると安心して行動することができる。特に校外学習など日常と違う活動を行う場合は，図2のように，社会見学の事前説明として，どのような交通手段でどのような場所に行って，お昼はお弁当を食べるという予定を視覚的に，より具体的に示すといった工夫を行うことによって安心して活動に参加させることができる。さらに，時間の感覚が薄い子どもにとっては，一つ一つの活動の区切りを明確にすると，いつ終わるのかということをより具体的に伝えることにつながり，見通しを持って活動意欲を持続させることができるのである。

③ 活動しやすい環境づくりに努める

　感覚過敏やこだわりの強い自閉スペクトラム症の子どもには，その子が落ち着いて活動したり，学んだりできる環境を工夫することが重要である。興味関心に偏りがある子どもは，その興味関心を利用して学習材を工夫する。例えば，電車好きの子どもには，問題に電車を登場させるなど，楽しく学べる工夫を行

うのである。苦手なこと，やりたがらないことに取り組ませる場合には，うまくいかないとすぐに諦めてしまいがちなので，スモールステップで取り組ませ，「できた！」という達成感を積み重ねていく。

(2)　注意欠如多動性障害の特性と対応……………………………………………

【注意欠如多動性障害の子どもの特性】

① 集中できない

　一つのことに集中して取り組むのが難しい。できたとしても短い時間しか持続できず，物音や視覚的な刺激によって，すぐに気が散ってしまう。また，集中できないことによる不注意も多く，忘れ物やものの紛失，遅刻，時間の決まりを守れないなどがしばしば起こる。

② 落ち着きがない

　状況に関係なく，身体の一部を動かしたり，静止することができなかったりする多動な特性がある。また，相手かまわず一方的に話し続けてしまうことも特性である。これは本人の意思ではなく，脳の働きによって，自然に動いてしまったり，話を止められなかったりしてしまうと言われている。この特性は，学校では最も問題となることが多いが，小学校高学年から中学校になる頃に症状が少しずつ緩和する場合も多い。

③ 衝動性が高い

　「欲しい」「やりたい」などの欲求が強く激しく起こって，衝動的に行動してしまう傾向がある。車に例えると急発進してしまい，ブレーキがききにくいという状態である。喜怒哀楽の感情表現も極端に出てしまい，突然奇声を発したり，気になったこと，思ったことをすぐ口に出したりしてしまい，人間関係やその場の空気を悪くしてしまうことがしばしば起こる。

【注意欠如多動性障害の子どもへの対応】

① 刺激を少なくする

　見えるもの，聞こえるものからの刺激に過度に反応してしまうので，気が散らないようにできるだけ装飾のない静かなスペースを確保したり，同じ姿勢で

座る時間が続かないよう，アクティブな活動を組み込み，飽きさせないような工夫をしたりすることが重要である。

② 動ける時間を確保する

　じっとしていることが苦手なので，「止まりなさい」「座りなさい」と多動性を頭から抑えようとするのではなく，「動ける契約」をして，「ここまでやったら動いてもよい」という小休止や活動の切り替えができるように場づくりの工夫を行う。さらに，その動きにも必然性や意義を持たせるために，プリント配りなど，動きながら行える役割を担わせることによって，周りから評価を受けることができるようにする。

③ 気づきを与える言葉がけをする

　忘れ物やミス，失言をする前に立ち止まることができるように，「ちょっと待てよ」という自制心，自らをコントロールする力を育てていく。そのために，行動の前にトラブルを予測し，先に「～するとうまくいくよ」と伝えておいて，うまくいった成功体験を積み重ねていくことが重要である。また，うまくいかなかったこと，トラブルになってしまった場合は，他の子どもが目につかないところで短く，簡潔な言葉で注意する。これは，本人の自己肯定感を下げないこと，周りの子どもからのマイナスイメージがつかないようにするためである。

(3) 学習障害の特性と対応……………………………………………………………………
【学習障害の子どもの特性】

① 読むこと・書くことが苦手

　○読むことが苦手な子どもの特性

　　・言葉，文の区切りが捉えにくく，一文字ずつ読む。

　　・どこを読んでいるかわからなくなり，飛ばし読みが多い。

　　・「め」「ぬ」など似ている文字を読み違えることが多い。

　　・拗音，促音で表される文字を発音しにくい。

　　・「寂しい」を「かなしい」と読むなど，読めない文字をなんとなく意味を想像して勝手な読み方をする。

○書くことが苦手な子どもの特性
・「わ」と「れ」のように，形の似た文字を混同して書く。
・「く」「し」などを鏡文字で書いてしまう。
・読点，句点，促音を書き忘れたり，間違った位置に書く。
・漢字を正しく書きにくい。横線が足りない，偏と旁が入れ替わる。
・小さな枠に文字を入れにくい。大きさも整えにくい。
・漢字をはじめとした文字，形などの特徴を捉えることができず，記憶することが難しい。
・作文に自分のしたこと，考えたことなどを思い出して綴ることができない。

② 聞くこと・話すことが苦手

いろいろな音を聞き分けることが苦手で，必要な音を聞き取ることができない。街の雑踏の中で車が近づく音が聞き取りにくかったり，話しかけられても返事ができなかったりすることがある。さらに，推論が苦手で，話の展開を予測して聞いたり，考えたりすることが難しい。

③ 不器用で手先の作業が苦手

手先が不器用で，定規を使って線を引いたり，コンパスを使って円を描いたりするなどの学習に関する作業が苦手である。筆算の計算で横線を引いて途中の式を列を整えて書くなども苦手で，計算を正確に行うことが難しい。

以上が筆者の経験とそこで学んだ知識に基づいて発達障害の子どもたちを理解するために必要な特別支援教育に求められる基礎・基本である。

2 学校・教師に求められる特別支援教育の基礎・基本

ここからは，筆者自身の学校経営，学級経営の経験から，インクルーシブ教育として広義の特別支援教育に求められる基礎・基本を述べる。特別支援を要する子どもたちはもちろん，すべての子どもたちに関わる上で学校・教師に求

められることを整理すると３つのキーワードが挙げられる。そのキーワードとは「共通理解」「つながり」「成長保障」の３つである。

(1)　「共通理解」とは？ ……………………………………………………………

　これは，子どもたち一人ひとりの情報をいかに共有し，様々な特性を持った子どもを集団，社会が受け入れる風土を醸成するかということである。これに必要なのは，傾聴の姿勢づくりと丁寧な評価である。

　図３のように，子どもが発言する際，周りの子どもたちに話す・聞くの基本である傾聴の姿勢をとることを身につけさせたい。これは，授業の中でこの姿勢をするように徹底すると同時に，話すこと，聞くことの重要性や意義を実感する経験を積み重ねていくことによって培うことができる。聞き手の子どもたちがここまでしっか

図３　傾聴の姿勢づくり

り話し手の方を向いて聞くことができているのは，この話し手の言葉から何かを得ようとする気持ちの表れである。子どもの発言の中には，的外れや間違いもときにはあるが，それを受け入れ，その子なりの考えや論理を理解しようとする集団づくりこそが，共通理解のめざす姿である。これをつくりあげるためには，教師が話す・聞く場面においてしっかり評価を行い，よりよい傾聴の姿をイメージさせていくことが重要である。またそれによって，それぞれの良いところを見つけようとする姿勢も身につき，それぞれを共通理解しようとする風土が創られていくのである。

(2)　「つながり」とは？ ……………………………………………………………

　ここで言う「つながり」とは，学校・教師と子ども，保護者のトライアング

ルの形成である。特別支援教育を行う上で最も重要な要素であり，その効果に
影響を及ぼすものである。学校・教師は働き方改革によって，多忙感の解消を
目指している。教師に時間的，精神的余裕がなければよい教育は生まれない。
そして，子どもと保護者とのつながり，信頼関係構築のために必要な時間を生
み出すことはよりよい授業づくりを目指すために学校・教師にとって最も大切
なことである。さらにただ保護者と話す時間をとればいいのではなく，大切な
のはその内容である。特別支援を要する子どもは，保護者の不安感などによる
影響を受けやすい。保護者も子どもの発達や学習に関する不安を抱えている場
合が多く，親の心情としては我が子の問題行動や発達の遅れに目を背け周囲に
対して取り繕ったりしてしまうことも仕方のないことである。そこで，学校・
教師に求められるのは，発達や学習についてのより専門的な知識と経験である。
専門的な知識という点においては，発達障害，精神障害に関わる薬の知識や心
理カウンセリング，教育学の指導法，さらには，子どもたちの将来のキャリア
に対する知識など，多岐にわたるが，教師として身につけておくべき素養であ
るだろう。それらは学校・教師の信頼を生み，保護者の安定から，子どものよ
り良い成長につながっていくのである。これが求められる学校・教師と子ども，
保護者の「つながり」である。

(3) 「成長保障」とは？

　最後の「成長保障」とは，子どもの成長を子ども自身と保護者が実感できる
教育システムを構築することである。そのために学校での学びとその評価を明
確にし，成長のエビデンスとして保護者と共有することが大切である。筆者の
勤務校では，その実現に向けて，GIGAスクール構想によって子ども一人ひと
りに配られているタブレットやパソコンにeポートフォリオシステムを導入
し，子どもたちの学校での学びや評価を蓄積し，学校と家庭でそれを共有する
システムを採用している。株式会社NSDが提供するeポートフォリオシステ
ム「まなBOX」は，現在提供されているシステムの中でもeポートフォリオ
として筆者は使いやすいと考えている。この「まなBOX」の優れている点は，

クラウドサービスなので，インターネット環境があればどこでも使え，eポートフォリオに特化している点と，子ども一人ひとりの学習成果やその過程の学びの姿を学年を越えて長期間，教科ごと活動ごとに整理分類しながら蓄積できる点，さらには蓄積した学びによってこれまでの成果とその過程を時系列で振り返ることができる点にある。つまり，その子どもの個別指導支援カルテとなり，学校・教師，保護者が子どもの成長記録をより具体的に共有できるのである。これらはこれまで，個別支援指導計画として作成されてきたものであるが，文章表記にとどまるため成長実感がわきにくい，活動中活用しにくいなどの問題があった。タブレットに画像や動画などを交え，学習成果の現物を閲覧できるので，時間軸で比べていくことによって，その子どもの成長をよりリアルにとらえることができる。このタブレットに蓄積された学びと評価が，子どもたちの成長のエビデンスであり，まさに成長保障そのものである。

　以上が，特別支援教育において学校・教師に求められるものを表す3つのキーワードである。学校・教師にとって，子どもの成長は一番の成果である。様々な教育的ニーズを持つ特別支援を要する子どもたちには，学校・教師が与える影響もより大きなものであると，長年特別支援教育に関わってきた者として強く感じるところがある。

おわりに
　本稿では特別支援教育に求められる基礎・基本として，子ども理解と学校・教師に求められる教育のシステムや姿勢などについて，筆者の教育経験と学んだことに基づいてまとめてきた。その中で，特別支援教育というものはやはり教育の原点であり，それを考えることがすべての子どもたちに求められる教育の在り方を考えることにつながるということに改めて気づいた。
　我々が子どもの頃は，まだ特別支援教育，インクルーシブ教育の概念はなく，特別な支援を要する子どもたちも集団の中に埋没され，もしかすると少しの合理的配慮があれば，より豊かで楽しい学校生活を送ることができた子どもたち

もいたのかもしれないと，今更になって思う。特別支援を要する子どもたちが増加し，多様化も進む現在，筆者の教育の信念である「すべての子どもが特別支援される存在であり，一人ひとりが特別支援」はより深い意味を持つようになったと感じている。発達障害の有無に関わらず一人ひとりの子どもに必要な特別支援を行うインクルーシブ教育の実現は，少子化時代に子ども一人ひとりを大切に，確かに育てることにつながると考える。その確かな成長を生み出すためには，今回提案したeポートフォリオなど新たなツールをフル活用し，子どもたちの確かな成長の歩みを子どもに関わる全ての人が共有し，ともに喜び合うことこそ大切ではないだろうか。

参考文献

阿部秀高『特別支援こそ真の〈人間教育〉』ERP，2013

阿部秀高『人間教育を実践する教師への道——インクルーシブ教育方法論』ERP，2018

阿部秀高「第10章　インクルーシブ教育と人間教育」梶田叡一・浅田匡・古川治監修，杉浦健・八木成和編著『人間教育の探究1　人間教育の基本原理』ミネルヴァ書房，2020

American Psychiatric Association編，日本精神神経学会日本語版用語監修，高橋三郎・大野裕監訳，染矢俊幸・神庭重信・尾崎紀夫・三村將・村井俊哉訳『DSM-5 精神疾患の分類と診断の手引』医学書院，2014

国立教育政策研究所編，大槻達也・惣脇宏・豊浩子・トム・シュラー・籾井圭子・津谷喜一郎・秋山薊二・岩崎久美子著『教育研究とエビデンス——国際的動向と日本の現状と課題』明石書店，2012

宮口幸治・宮口英樹『不器用な子どもたちへの認知作業トレーニング』三輪書房，2014

文部科学省『特別支援教育の推進について（通知）』2009

文部科学省『共生社会の形成に向けたインクルーシブ教育システム構築のための特別支援教育の推進（報告）』2012

文部科学省『特別支援学校指導要領解説——自立活動編』2017

文部科学省『特別支援教育資料（平成30年度）』2020

　https://www.mext.go.jp/a_menu/shotou/tokubetu/material/1406456_00001.htm

上野一彦・緒方明子・柘植雅義・松村茂治『特別支援教育基本用語100』明治図書出版，2005

特集◎基礎・基本に立ち返る

●

学力論争の戦後史と基礎・基本の学力

●

古川　治○ふるかわ　おさむ

1　学力論争とはなにか

　戦後学力論争は，城丸章夫（1959）が「戦後の新教育批判が基礎学力の問題から出発した」というように，「戦後新教育の実施と共に生起した子どもたちの『読・書・算』能力の低下の現実は否定することのできないものであった。『読・書・算』能力の低下の問題は，基礎学力それ自体を当面の問題課題とすると同時に，戦後新教育への批判へとつながり，学力とは何か，国民の要求に応える学力とはなにかという，すぐれて教育の本質に発展する必然性を内包していた」（木下，1971，p.591）と総括できる問題である。

　何故，戦後学力が「学力問題」として国民の社会的問題になったのか。その理由は戦前の学力は一部のエリートの関心事であったが，戦後は新制6・3・3の教育制度により小学校・中学校が義務教育になり，また高度経済成長時代には学歴社会化が進み，学力形成の問題は広く社会的な関心事になり，国民一般の着目する問題になったからである。それでは，学力問題とは学力の何をめ

ぐる論争なのか，一般に次の４観点から整理される。

①学力水準という観点

　計測可能な学力を対象にして，学力調査によって当該集団の平均値が低下し「学力低下」として問題になる場合，学力水準の高低が問われている。戦後の新教育により，学力が戦前に比べて２年程度低下したという学力論争が該当する。

②学力格差という観点

　学力水準が全般に高くとも，到達度が高い子と到達度の低い子に分散している場合，学力格差が問題となる。学力低下の実態把握を目的とした1975年の国立教育研究所の学力調査，1976年の日本教職員組合・国民教育研究所の学力調査結果も学力低下のかげに隠れた学力格差の実態を明らかにした。

③学力構造という観点

　学力が多くの知識内容を暗記し，公式を活用し問題を解き意味・理解を不問に受験勉強する力を暗記学力モデルとするのに対して，分析し，推論し，問題解決を図るブルームの教育目標の分類学による認知的学力を学力モデルとするのが学力構造の対立である。

④学習意欲の観点

　学習に主体的に意欲を持って取り組もうとする態度と姿勢である。1980年の第２回IEA（国際教育到達度評価学会）の「国際数学・理科教育動向調査」結果で，日本の成績は世界のトップにもかかわらず，「数学の勉強をこれ以上習いたくない」，「数学の問題を解くのは楽しくない」，「将来の日常生活に役立たない」（田中，2008，p.11）という回答が多数を占めた。文部省が「新学力観」を提案したのもこのような課題への対応である。なお，戦後の主な学力論争は次の５期（田中，2008，p.96をもとに筆者が加筆）に整理できる。

第１期「基礎学力論争」

　　　　──新教育と批判者との学力低下，基礎学力概念をめぐる論争

第２期「計測可能学力」「態度主義」に関する論争

　　　　──学力における計測可能性の論争

第3期「学力と人格」をめぐる論争
　　──落ちこぼれ問題をめぐる学力と人格の論争
第4期「新学力観」をめぐる論争
　　──関心・意欲・態度など情意的学力をめぐる論争
第5期「学力低下」論争
　　──高等教育側から初等・中等教育側への学力低下批判の論争

2　戦後の主な学力論争

（1）戦後新教育と学力低下論争 ……………………………………………

　戦後の新教育への学力低下批判が，学力論争を提起した。この問題が生起したのはコア・カリキュラム運動が急速な高揚期を迎えた昭和24〜25年頃である。新教育はコア・カリキュラム型と地域教育計画型があったが，どちらにしても経験主義的教育であった。新教育への外部批判は，日本民主主義教育協会や綴り方教育運動からであり，内部批判は梅根悟＝長坂瑞午論争である。当時新教育を進めたコア・カリキュラム連盟に対して，子どもたちの読・書・計算の基礎学力が低下したと厳しく指摘された。批判したのは戦前から綴り方教育を指導してきた国分一太郎である。国分は「学校は読・書・計算の学力をつけてやるところであるが，読・書・計算の力は恐ろしいほどに低下している。本も新聞も雑誌も広告も読めない人間に，この複雑な世の中では高い意味の実力・学力＝実践力・生活力もつくはずがない。どんなハイカラな生活学習をしてもだめである。読・書・計算の力をつけてやることは，民主主義的教育の最低綱領でなければならない」（国分，1949，p.21）と批判した。論争の先陣を切った日本民主主義教育協会本部の平湯一仁は，コア・カリキュラム運動は「形式的モデルを作ることばかりに集中し，子どもを正しくとらえる努力を怠り，現実の教育の社会的歴史的条件を無視している」ことによって，「世界観について沈黙し，価値判断の基準を持たず，学力低下がもたらされた」と批判した（平湯，1949，pp.13-20）。

　これらに対して，コア・カリキュラム連盟の梅根悟は「世間でいう学力なるものは，今の国語・算数の教科書に示されているものをマスターすることだと思う。その学力がコア・カリキュラムで落ちないかと言う杞憂ですね。……伝統的な意味での国語・算数の能力は落ちていないと思う」（梅根，1949，p.39）と反批判した。

　次に，内部論争の梅根＝長坂論争について触れておくと，同じコア・カリキュラム連盟であっても当時文部省編集課にいた長坂瑞午は，文部省の「教科カリキュラム」はコア・カリキュラムの「生活カリキュラム」に大幅に近づいているので，あえて「生活統合」の名のもとに「教科」の教育的系統性を軽視する必要はないと主張した。これに対して梅根悟は，「現行の社会科はすでにコア・カリキュラムになっているから，時間的にも社会科を大幅に増やし他教科を縮小し，社会科を中心に調整すべきだ」と反論（梅根・長坂，1951）した。つまり，教材にとらわれない生きた単元を作ることができるならば，社会科の中で理科や算数などが学習されてもよく，それぞれ理科や算数として計算すればよいと反論した。この論争は，①長坂の教科を学問の体系としてみるのか，梅根の生活体験の総合としてとらえるのかという点，②カリキュラムの自主編成は教科の枠を越えてもいいのか，どこまで可能かという自主編成の課題など立場の違いを明らかにした。さらに，コア・カリキュラム運動に対して外部から，「形式主義」「はい廻る経験主義」「社会的現実無視」として，矢川徳光，小川太郎，城戸幡太郎，波多野完治らが批判した。昭和25年には連合国軍総司令部（GHQ）の下部組織であるCIE（民間情報教育局）のオズボーンの「コア・カリキュラムは行き過ぎ」発言によって，各地で運動は下火になっていった。1950（昭和25）年から日本教育学会も「義務教育修了時における学力調査」を継続的に実施し，昭和29年に代表の城戸幡太郎は学力調査報告書で学力に関する絶対基準がないので戦前との相対比較しかできないが2年程度低下していると結果を公表した。昭和20年代における学力論争がその後の学力論に提起した問題は，「①新カリキュラムが学力低下をもたらしたという主張と反論によって，学力への見直し（戦前の読み・書・算だけが学力ではない）が生じたこと，②新教育の

ように学力観が広げられたにもかかわらず，読み・書・算は国民に形成される
べき学力の基礎として尊重されなければならないことと考えられたこと。」（佐
伯，1984, p.276）と総括している。

（2）広岡の「態度主義」と勝田の「計測可能学力」に関する論争 ……

　新教育運動の反省に立って，「高い科学的な学力，生きた発展的な学力」を
三層説の学力モデルとして提案したのが広岡亮蔵である。広岡は，外側の外層
は知識・技能，中層は関係的な理解と総合的な技術，内側の中核になる内層は
思考態度，感受表現態度，操作態度の三層構造で学力をとらえた。「高い科学
的な学力」は戦後の経験主義に対する反省であり，「生きた発展的な学力」と
は習得した知識・技能が応用力・適応力として発揮されなければならないこと，
その上で思考・態度が中核としてあり，知識層と態度層の二重層で学力をとら
えることを提唱した。「この広岡モデルは戦後初期の学力論争をバランスよく
整理した点において，また教師たちが自生的に持っていた望ましい学力像をう
まく説明した点において説得力ある提起となっている」，「しかし，知識層と態
度層との関係，学力（わかる力）と人格（生きる力）との両者の関係構造を同
根ではなく異根とみなし別物と見ることになり，結局『態度主義』（科学・芸
術の陶冶力を過小評価し，戦前の修身の非合理的な態度，心構えを学習主体に
持ち込むことを批判した言葉）になるのではないかという批判」（田中，2008, p.
102）であった。

　これに対して，1961年から文部省が実施した全国学力調査を批判して，教育
論争に参加した教育科学研究会の勝田守一は学力に「態度」を持ち込むことを
警戒し，勝田モデルと呼ばれる「計測可能」学力説を提案した。勝田は人間の
能力を，労働技術の能力，社会的能力，認識の能力，感応・表現の能力に分け
学力を認識の能力とし，学力の定義を「成果が計測可能なように組織された教
育内容を学習して到達した能力」とし，認識の能力を中心に「私は『学力』を
やはり学校で育てられる認識の能力を主軸としてとらえる」（勝田，1964, p.72）
と学力を「計測可能」学力として位置付けた。これに対して，計測できるもの

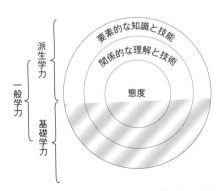

図1　広岡亮蔵の学力モデル（田中，2008，p.102）

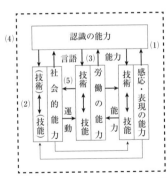

(1)認識の能力は他の三つに対して，特殊な位置に立つことを示したつもりである．

(2)社会的能力を技術・技能とするのは，多分に比喩的である．それでカッコにいれた．

(3)矢印は相互に影響しあい滲透しあっていることを示す．

(4)点線の囲みは，全体が体制化していることを示す．

(5)言語能力・運動能力は全体制を支える．

図2　勝田守一の「計測可能」モデル（田中，2008，p.103）

には限界がありそれ以外の能力が重要であるという批判が起きた。勝田の学力論には，広岡の知識層と態度層との関係，学力（わかる力）と人格（生きる力）との両者の関係構造についての論究は見られないが，当時の広岡の態度主義的な学力論に対して，認識内容を教育目標として構造化，目的化するにあたっては，学力を学校における学習に限定して計測可能な対象とすることが必要であった。勝田の「計測可能」学力論は積極的な定義であり，その後の学力論争にも影響を与えた。

（3）坂元＝藤岡の「落ちこぼれと学力と人格」をめぐる態度論争 ……

　1970年代の「落ちこぼれ・落ちこぼし」の学力低下論争は，日本教育研究所連盟が 1970（昭和45）年に教師に対して実施した「義務教育改善に関する意見調査」を発端として起こった。アンケート結果をもとに，授業がわかる子の割合，小学校7割，中学校5割，高校3割の「7・5・3教育」であるという学力分析を行った。その後行われた 1975年の国立教育研究所の学力調査，1976年の日本教職員組合・国民教育研究所の学力調査結果（日本教職員組合編，1976，p.99）も総じて学力低下と学力格差の実態を明らかにし，「落ちこぼれ・落ちこぼし」問題では，過去に対して学力が低下しているのかという問題より，全員に学力を保障していない学力保障や，できる子とできない子の学力格差という学力問題が露わになった。このような時代を背景に，教育科学研究会の坂元忠芳が「学力形成に関心・意欲・態度を積極的に位置づけ学力向上に影響を及ぼす思考力や学習意欲を高めよう」と提言したのに対して，藤岡信勝は坂元の「科学や芸術が持つ教育力を過小評価し，単なる知識を羅列した教科書を用いることで文部省が意図する態度を子どもたちに植え付けようとすることを危険視し」（山内・原編，2010，p.10），批判した学力論争は「態度主義」論争と呼ばれた。「態度主義」論争では，まず，鈴木・藤岡が「今日の学力論における2，3の問題——坂元忠芳氏の学力論批判」（鈴木・藤岡，1975）として坂元が「学力とは何か」という問題を，「わかる力」やこれと結びついた「思考力」「努力」「意欲」などを学力に含める学力論を提起したことに対して，坂元の立場を「態度主義」と批判したことに対する反批判から整理する。

　坂元は鈴木・藤岡に対して，「私が『わかる力』として学力を問題にし，学力形成の課題を，一方で学校におけるわかる学習の展開，他方でわかる学習の基底にある子どもの諸活動とその諸能力の組織化に対してむけられている。(鈴木・藤岡は) 勝田守一の学力論に依拠して，『態度主義』に陥る危険性を持つと批判し，……勝田の線に沿って学力を学校でその結果が計測可能なように意図的に組織された教育内容の結果，到達した能力であるとしたもの」と批判した。さらに，鈴木・藤岡は坂元に対して，「『態度』や『思考力』を学力の中心

におこうとする文部省の学力論，広岡亮蔵や重松鷹泰学力論と同じ態度主義である」（鈴木・藤岡，1975）と批判した。

　その批判に対して，坂元は鈴木・藤岡が学力の定義について次の三つを導き出したことを確認した。「第一に『態度』や『思考力』を学力の概念から排除し，学力に科学や技術などによる内容的表現を与えること，第二に教育内容をだれにでも分かち伝えることができるように組織する課題を教育実践に課すこと，第三に学力を学校において，教師の働きかけのもとに子どもが学習して獲得する能力として限定すること」である。しかしその上で，鈴木・藤岡を，「彼らは計測可能なものとそうでないものとの関連，計測可能なものと態度・意欲などの人格的なモメントとの関連への言及が脱落している（勝田が計測可能なという言葉に込めた内容を脱落させた）」と反批判（坂元，1976a，pp.83-105）した。その上で，坂元は子どもがわからなくなっている原因は，現代の学力と子どもの生活を分析し，「学校における非系統的教科書による断片的な知識の詰込みだけでなく，子どもがその年齢にふさわしい能動的な活動をすることができなくなっていることであり，……わかるためには『わかる』ことが生活経験に支えられる必要があり，能動的な活動や生活を子どもの中に組織すべきだと言っているのである」と主張（坂元，1976b，pp.180-214）した。そこで，藤岡は態度主義の例として子どもたちが描く4本足のニワトリの絵を例に批判する。「今日多くの子どもたちが4本足のニワトリの絵を描くのは彼らが鳥の足の科学的な知識を『進化』の学習を通して習得していないからだとし……学力と人格の今日的問題への注目をそらす結果となっている。4本足のニワトリ，地域と子どもの生活の破壊によって問題（外在的なものとして扱う）にされている経験的な事例の意味するものは，子どもの人間としての発達の基底が破壊され，知覚力，思考力，想像力などの認識能力，それを支える感情や意欲までもが危機にさらされつつあり，学力問題と生活の中の認識能力の相互関連の質的変化の問題である」と反論（坂元，1976b，pp.180-214）した。この論争で，藤岡は勝田の学力論を「成果が計測が可能でだれにでもわかち伝えることができるような組織された教育内容」と定義し，それ以外は学力ではないという狭い解

釈をした。それに対して坂元は勝田の学力論を知識・技術など特殊な能力を計測可能の学力とし，関心・意欲・態度など人格的価値等計測困難な能力との関連を認め両者を統一する学力論であると広く定義した。坂元の学力論は，学校外で習得した能力も学力に含まれると考え，勝田の学力論の解釈をめぐって態度論争が繰り広げられたのである。論争から態度主義ではない学力モデルの可能性が生まれたといえる。

(4)「新学力観」をめぐる論争 ……………………………………………

「新学力観」は1989年の学習指導要領の改訂に伴い，文部省が，「自ら学ぶ意欲や，思考力，判断力，表現力などを基本とする学力観が『新しい学力観』」であるとしたことにより，「新学力観」として呼ばれるようになった。1993年になると「新学力観」に対して，態度主義批判が出され，「新学力観」論争が起きた。教育学の立場から楠凡之は，批判派の全国到達度評価研究会は，「主権者としての国民に求められる教育内容，基礎学力を公的に保障していく責任を放棄するもので，教科の科学的・系統的な筋道を重視しつつ，すべての子どもたちに共通する教育内容，基礎学力を公教育の責任において保障していくべき」と批判したと集約した。その上で，楠も「新学力観」は，「思考・判断の

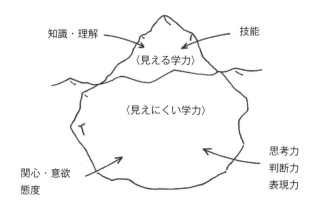

図3　梶田叡一の「海面に浮かぶ氷山としての学力」学力モデル(梶田, 1994, p.86)

能力」,「関心・意欲・態度」を並列に捉え,それらを多元的に評価していくことで学力保障の公的責任を曖昧にし,『個性尊重』の基に基礎学力を保障する責任を放棄することは,子どもたちの人格発達の危機をさらに深刻化させていく」(楠,1995,pp.3-12)と批判している。

梶田叡一は,「新学力観」を「海面に浮かぶ氷山としての学力」モデルとして提案した。「学力の氷山」モデルを端的に言うと,「新学力観」とは海面に浮かぶ氷山のようなものであるという。

「氷山があるとすると水面の上に出ているのは『氷山の一角』であり,水面の上に出て見える部分が『知識・理解・技能』であり,水面から隠れて見えないところの氷山の上の見えるところを支えている部分であるのが,『関心・意欲・態度』,『思考力・判断力』である。氷山の上に出ている部分と出ていない部分の双方から氷山が成立しているように,学力も見えやすい部分と見えにくい部分の両方から成立している。水面下の部分がしっかりしていないと,水面上に現れる部分が不安定なものになる。自ら学ぶ意欲と社会の変化に主体的に対応できる能力と同じで,『見える学力』が『見えない学力』にしっかりと支えられるという構造になってなければならないと考えるべきである」(梶田,1994,p.86)。

石井英真は,梶田の論は「『見えにくい学力』や内面世界が『見える学力』を支えている構造は明らかにする一方で,『見える学力』が『見えにくい学力』や内面世界の育ちをどのような形で規定しているのかについては明らかにしていない。『見えにくい学力』の『関心・意欲・態度』を重視した『態度主義』ではないか」と批判(石井,2019,p.18)した。この態度主義批判に対して,奈須正裕は,「そもそも,認知か情意かなんて二分法で考えるのが間違っていて,情意といわれてきたものの多くは認知的な制御に依存しているし,認知と区別されてきたものにも大いに情意的な色彩があることがわかってきた」(奈須,2020,p.178)と述べている。批判論者たちの学力論は,もはや生涯学習時代の学校は,1960年代に勝田が学校は子どもたちの認知的学力を丸抱えで,学力を系統的に形成していくと学力概念を規定した時代ではなく,学びの主体者を

育てることが主題になってきたという「教え」から「学び」の時代への変化を認識できなかったから生まれたのではないだろうか。佐伯胖は、「これまでのように学校でパッケージ化された知（知識）を身に付けることは知の営みとは言えず、学ぶ力にもならない。学ぶとは、人間が変わることで、それは学習を社会的・文化的実践への参加とみなすことである」（佐伯、1996、pp.93-94）と学習観、学力観、知識観の変革を提案し、従来の教育学の学力論に批判を浴びせ、滝澤武久も「能力は単に知的な働きだけではなく、感情や意欲がなければ働かない。自動車に例えると、知的なものはエンジンで、感情や意欲はガソリンです。意欲的なものと認知的なものとを併せる考え方が出てきた。自己実現の可能性を学力だととらえたい。自己教育力と言ってもいい。」（滝澤、1994、pp.6-7）とし、これまでの主知主義的学力観から、情意と思考を重視するのが「新学力観」への転換の意味であり、探究的学習を通して知性を形成することが学力形成であると「新学力観」に親和性を表明する研究者が多く反批判した。

　遡るが、広岡亮蔵は1980年指導要録改訂議論の「関心・態度」の論争に対して、広岡自身が1960年代の学力論争を振り返り、「態度は戦後の経験教育では重視された。その後、60年代の科学教育では、態度は測定困難な能力であるとして、日陰へ追いやられた。ところが、近年は指導要領や指導要録で態度や関心の能力を再評価しようとする傾向が盛んである。理由は、今日の教育が人間づくりを、知識・技術だけでなくその奥にある情意能力をも育成することをねらっているからであろう」（広岡、1980、p.5）と指摘しているが、このことは、「新学力観」にも該当することである。したがって、梶田の「海面に浮かぶ氷山としての学力」モデルに対する「態度主義」という批判も沈静化した。学校現場では、「新学力観」の概念をどのように整理、実践し、評価していくかで困惑しただけに、梶田の「見える学力・見えない学力」という「海面に浮かぶ氷山としての学力」モデルは、教育現場の混乱を整理し、学校現場から認知され、学力論を説明する際、「見える学力・見えない学力」の用語として広がり、「新学力観」を説明する学力モデルとして一般化し、定着した。

(5)「学力低下」論争——高等教育側から初等・中等教育側への学力低下批判の論争 ……………………………………………………………

　文部省が学習指導要領を改訂し，総合的な学習の時間を創設し「ゆとり」教育を実施した翌年の1999年，京都大学の西村和雄らの研究グループにより『分数ができない大学生』（岡部恒治・戸瀬信之・西村和雄編，東洋経済新報社）等の書籍が刊行され，これまでの学力論争が初等中等教育関係者から提起されていたのと違い，高等教育関係者から総合的な学習の時間を実施し「ゆとり」教育を行えば，学力が低下するという文部省の教育行政をめぐる学力論争があった。加えて，2004年には2003年のPISA（OECD主催）の結果が発表され，日本の読解力が8位から14位に低下し，「PISAショック」を与え，文部省の「確かな学力」かPISAが提案するリテラシーに基づく「PISA型学力」の導入かという国際的学力論争に発展した。

　まず，「学力は低下していない」と反批判したのはこれまで日本の個性化教育を先導してきた加藤幸次，浅沼茂など個性化教育関係の人々である。加藤は「今学力と言われているのは受験に受かるということであり……総合的な学習の時間は主体性，創造性を育てる可能性がある」と批判を一蹴（2001，pp.133-139）する。浅沼も「学力が下がっているのは真実か，過去の信頼性に足る成績，データーと比べてみなければならないが，学力低下を証明する客観的証拠を持っていない。……学力低下問題がこれから導入され，現代的課題を追求する総合的な学習の時間バッシングの役割を果たしている。これまでと異なる学力尺度を開発して測らなければならない。これまでの先進校を見る限り基礎学力は下がっていない」（2001）と反批判し，議論はすれ違いに終わった。しかし，学力低下論争は2000年から始まった第2回PISA調査結果が2004年に発表され，日本の読解力が14位に低下したことから新たな展開を見せた。これまで学力は近代国家においては，自国民に「読・書・算」を身に付けさせることを学力と考えられてきたが，2000年に入りPISA（OECD主催）が提案する21世紀の国際的な社会を生きぬくための資質・能力として，自らの将来の生活を開拓していくため，知識・技能を活用する「リテラシー」という「PISA型学力」

が重視されるようになった。2008年には,「PISA型学力」を取り入れ,「ゆとり」か「学力」という二項対立から脱して,新学習指導要領として「習得」・「活用」・「探究」を学力と規定し改訂され,学力論争は決着した。こうして,学力論争は国際的資質・能力を問題とする時代に移った。

3　学力・基礎学力観の整理

それでは「学力とは何か」という問題に行き着く。木下繁弥は,「学力の概念は人間観,発達観,教育観,学校観と深いかかわりを持ち,時代や社会の要請によって規制されるので一義的に定義づけるコンセンサスは成立していない」と学力概念が操作的な概念であることを認めた上で,「学習によって得られた能力」と定義(木下,2002,pp.374-375)している。厳密な定義として用いられる梶田叡一の定義も,「学力とは,学校での教育活動において追及される,あるいはその成果として把握される一定の能力・特性である」(佐伯,1982,pp.1-2)としている。

本論では,学力概念の定義として木下と梶田の論に従いたい。学校は,「人格形成」と「学力形成」を通して「人格の完成」をめざさなければならないが,学校独自の役割は「学力形成」であり,以上の定義が妥当なものであろう。

それでは,「基礎学力」とは何であろうか。安彦忠彦は,「基礎学力に関する論争は,すべて『観』のぶつけ合いで,……議論と言いながら相手の立場を相対化せず,『観』を否定して,共通の土俵に乗らない限り議論が成り立たない」のが現状(安彦,1996,pp.104-136)であるとし,基礎学力を次のように整理した。
①「人間としての必要な基礎学力」という主張――「読・書・算」が内容となる。
②「学問研究の基礎としての基礎学力」という主張――「より上位の学力に対して,その下位の学力に当たるもの」,「学ぶ力,学び方の観点」に入る。
③「国民として必要な基礎学力」という主張――文部省の言う義務教育段階の教育内容がすべてであるとか,現代の国民に必要であるとかである。その社会,その時代の要請を受けるので,時代が変わると中身が変わり,時代とと

もに中身が増える。

ここでは，基礎学力の定義をこれまでの学力論争を踏まえて，「『読・書・算』の認知的学力と関心・意欲・態度，学び方など情意的学力を中核にした学力観に影響を与えるその時代の社会の要請を受け，社会の共通認識として承認を得た学力」と規定しておきたい。

4　戦後の学力論争の意義

戦後の学力論争は戦前の国定教育の中で行われた百科全書的知識主義，画一的詰め込み主義に対して，新教育＝新学力論の提案として再検討の場を提案した。戦後の学力論争は，「学力低下」，「学力構造」，「意欲・態度」，「学力保障」，「学力格差」等多様な教育の争点の形をとりながら，基礎学力とは何かという一貫して教育の基本問題を議論してきたと言える。戦前の画一教育批判から戦後新教育が，戦後新教育批判から広岡の三層学力論が，全国学力テスト批判から勝田の測定学力論が，教育の現代化批判から坂元＝藤岡の「落ちこぼれと学力と人格」をめぐる態度論争が，1980年代の高度経済化・国際化・社会構造の変化から「新学力観」が生まれたように，学力論争は，つねに時の政治的・経済的・社会的構造の変化を背景に，その影響を受け行われてきたということである。さらに，このような論争を促進したのは，国家的教育カリキュラムが10年に一度変化するという日本型学力観システムである。新カリキュラムの出現で，前カリキュラムは批判され消え，異質のカリキュラムが同時並行的に存在する環境におかれなかったからである。今後も，時代の変化や要請の影響を受け，学力，資質・能力とは何かをめぐって，教育論の基本問題として学力論争は続けられるであろう。

最後になるが，筆者が本論文のタイトルである「学力論争の戦後史と基礎・基本の学力」という戦後の教育論争や学力問題という教育の根本問題に関心を抱くようになったのは，1972年に新任教師としての駆け出しの筆者を教頭先生として導いてくださった高市俊一郎先生（元大阪府箕面市立箕面小学校長）の

おかげである。退職後は，高市教育研究所所長としても地域の教育振興にご活躍された。高市先生は，長年の教育界への貢献により文部科学大臣から教育功労章（瑞宝双光章）を叙勲され，お元気に九十歳をお迎えになられた直後の2021年7月末日に急逝された。箕面の教育界の宝を失った思いであり，先生の志を受け継がねばならないとも思う。ここに，ご逝去された高市俊一郎先生に本論考を捧げるとともに，先生の永遠の安息をお祈り申し上げます。

参考文献

安彦忠彦『新学力観と基礎学力』明治図書出版，1996，pp.104-136

浅沼茂「学力低下論への反論」加藤幸次・高浦勝義編『学力低下論批判』黎明書房，2001

平湯一仁「学力を低下させるもの」『6・3教室』第3巻第11号，新教育協会，1949，pp.13-20

広岡亮蔵「不可捉から可捉なるものへ」『授業研究』1980，明治図書出版，8月号，p.5

石井英真『日本カリキュラム学会第30回大会公開シンポジュウム発表資料』2019

梶田叡一「新しい学力観を考える」『教育における評価の理論』Ⅰ巻，金子書房，1994，p.86

加藤幸次「学校が育てるべき学力」加藤幸次・高浦勝義編著『学力低下論批判』黎明書房，2001，
　　pp.133-139

勝田守一『能力と発達と学習』国土社，1964，p.72

木下繁弥「学力論争の展開」肥田野直編『戦後日本の教育改革』6巻，東京大学出版会，1971，p.591

木下繁弥「学力」安彦忠彦編『新版現代学校教育大事典』1巻，ぎょうせい，2002，pp.374-375

国分一太郎「第2章　よみ・かき計算能力の低下」原書店編集部編『新教育と学力低下』原書店，1949，p.21

楠凡之「『新しい学力観』の問題点と発達研究，教育実践の課題」『心理科学』17（2），1995，pp.1-14

奈須正裕『次代の学びを創る知恵とワザ』ぎょうせい，2020，p.178

日本教職員組合編『教育評論──教育課程改善のための学力実態調査報告』7月臨時号，1976，　p.99

佐伯正一「教育課程と学力の形成」佐藤三郎・稲葉宏雄編著『学校と教育課程』第一法規出版，1984，p.276

佐伯胖『教育学大全集16巻 学力と思考』第一法規出版，1982，pp.1-2

佐伯胖「新しい学力問題とこれからの学力研究の課題」有園格編『変化の時代の学力観』教育開発研究所，
　　1996，pp.93-94

坂元忠芳「今日の学力論争の理論的前提をめぐって」『科学と思想』新日本出版社，1976a，pp.83-105

坂元忠芳『子どもの能力と学力』青木書店, 1976b, pp.180-214

城丸章夫『現代日本教育論』新評論, 1959, p.83

鈴木秀一・藤原信勝「今日の学力論における二、三の問題」『季刊科学と思想』新日本出版社, 1975, pp.90-109

滝澤武久「新学力観への対応課題」『学校経営』1月号, 1994, pp.6-7

田中耕治『教育評価』岩波書店, 2008, p.11, p.96, p.102, p.103

梅根悟・長坂瑞午『カリキュラム』2月号, 誠文堂新光社, 1951, pp.24-34

梅根悟『カリキュラム』第3号, 誠文堂新光社, 1949, p.39

山内乾史・原清治編著『論集日本の学力問題』上巻, 日本図書センター, 2010, p.10

国際性を育成する

松徳学院中学校・高等学校の取組み

梶田　めぐみ○かじた　めぐみ

1　ロックダウン

　2019年12月，中国武漢で最初の新型コロナウイルス感染者が報告された。翌年1月末真っ先に地域封鎖を行った中国に対して，人々の目は「ずいぶん極端なことをするな」と，幾分冷ややかだったように思う。この時いったい誰が，世界は百年に一度の疫病に直面していることに気づいていただろうか。世界保健機関（WHO）によるパンデミック宣言と前後して，まるで地球上から灯が一つ一つ消えるかのように，大きな国も小さな国も，その扉を一つまた一つ閉じていった。パンデミック，ロックダウン，ステイホーム。ウィズコロナ，ポストコロナ，クラスター。子どもから大人に至るまで口にするほど，これらの英語は日本国内に浸透した。授業で英単語を覚えるのは一苦労なのに，日々の暮らしに関わる言葉ならあっという間に学び取ってしまう。この調子で着々と語彙を増やしていけば，ワードをつなぎ合わせての英会話も可能になってくるかもしれない。

　コロナ禍は我々の生活に，不思議な現象を呼び起こした。国の扉は閉ざされているのに，個々の目は外に向かって開いているのだ。日本での感染状況だけでなく，世界の動静も気になる。他の国の様子はどうなっているのか。国の政策をどう打ち出しているのか——。そのような人々の要求に応えるかのように，メディアは記者会見に臨む各国首脳や，街での人々の様子を畳みかけるかのように報道する。世界中の人々がこの災禍を軸として，不安や憂い，また希望といった思いを共有しているのである。パンデミックが引き金とは喜ばしいことではないが，世界を枠組みとした帰属意識を，我々に呼び起こす機会になったことは間違いない。

　さて，山陰の小都市，島根県松江市に事実上ロックインされた，松徳学院の生徒たち。松江市は2009年に旧市町村との合併により人口数増となったが，現在は減少傾向にあり，2021年度の調査によると20万人を切っている。主要都市から陸交通を利用して訪れるなら，岡山まで新幹線，その次は中国山脈を越えるローカル線に乗り換えなければならない。島根県全体を見てみると，高齢化，少子化，そして若年層による県外流出という大きな問題を常に抱えている。そのような条件下にありながらも，「国際教育」を教育理念の柱の一つに据えている本校は長年，どこにいても異文化交流は可能と考えてきた。この確信の根拠は，本校の歴史や設立の背景にあると言えるだろう。

2　地の果てまで

　2015年男女共学になったのを機に，学校名を松徳女学院から松徳学院と改名した本校は，ローマに本部を持つ修道会，イエズス孝女会によって1956年設立された。19世紀，スペインの片田舎に織物職人の娘として生まれたカンディダ・マリアは，十分な教育を受けることができないまま裕福な家庭の奉公人として働いていた。天啓に導かれ，子女教育のために一生を捧げたカンディダ・マリアの視線は，スペインをはるかに超えて世界に向けられていた。「私は魂

を求めて地の果てまでまいります。私の望みを叶えきれないほど，世界は大きくありません」——設立者のこの言葉が証明するとおり，イエズス孝女会の教育活動は，ヨーロッパ，南アメリカ，アフリカ，アジア等全18か国にわたり，本校の姉妹校は世界100校以上に上る。それぞれの国の歴史や風土の違い，また経済格差はきわめて大きい。教育活動の振興と浸透のプラットフォームは「世界」という国々の集合体であり，そこに生きる子女が分け隔てなく教育を受けるのは当然のことである，という信念をカンディダ・マリアは持っていた。「違うこと」は「異質」ではなく「多様性」であること，「学び」は人類共通の権利であることを，本学創設者は19世紀のスペインの片隅にいながらすでに知りえていたのである。彼女の中に「国際性」という概念があったとは考えられない。しかしながらその精神性こそが，本学の「国際教育」の礎となったのである。

松徳女学院設置の場として島根県松江市が選ばれた時，イエズス孝女会内部からは消極的な意見が多数あがった。主要都市から遠く，多くの雨を降らせる山の陰に位置し，人口も少ない——。並べてみれば良い所など一つも無いような場所である。様々な悪条件にも関わらず開校が実現したのは，戦後まもなく国際文化観光都市に指定されたばかりの松江市が，国際教育と人間教育を理念とするミッションスクール誘致運動を積極的に行ったことにあった。また，当時は異文化に憧れる風潮が高まっていた。更に「地の果て」と「松江市」を重ね合わせ，インスピレーションを得た初代校長の決断にも負うところがあった。このような経緯で設立された松徳学院は，精神的に調和のとれた国際性を育むため，今日に至るまでたゆまない試みと実践を続けている。

さて，精神的に調和のとれた国際性をどう育むのか。これについて考える前に，本校の取組みの歴史を紹介したい。

3　海外留学最盛期

　本校がアメリカに初めて留学生を送り出したのは1967年だった。その後留学希望者が徐々に増え始め，1979年からは毎年数名の生徒がオーストラリアやカナダ，英国等の英語圏への留学を実現している。元から本校には，外国的要素が日常の学校生活に溶け込んでいた。外国人講師による英語の授業に加え，以前はスペイン語の授業も開講されていた。また校舎三階に修道院が設置されていたため，教鞭を取らないスペイン人やフィリピン人のシスターたちとも触れ合う機会があった。このような環境だったため，生徒たちが海外に興味を持つようになるのは，自然のことだったのかもしれない。また，留学生の受け入れも活発に行ってきた。1980年度からは毎年複数名の外国人生徒が半年，または一年間本校で学んでいる。

　1991年から本校は，文化交流計画CCC（Cross Cultural Course）を大々的に開始した。姉妹校間の繋がりを強めるために留学の機会をより多く生徒に与えることが目的だった。ホストファミリーと生活を共にすることで，生徒は留学先の文化をより深く学ぶことができる。言語の修得は言うまでもない。それと同時に，海外では自分が「外国人」だと痛感する場面に多々遭遇するはずだ。このような経験を通して，生徒の意識の中に多様性を認め，受け入れる素地が出来上がったと考える。

　残念ながら，島根県私学教育補助事業が終了したのを機に，本校の文化交流計画も勢いが衰えてしまった。毎年夏休みに実施していた海外語学研修は中止となり，留学者数も激減している。それでもあきらめずに「国際教育」を継続できているのは，フィリピンの姉妹校との交流を活発化したからだった。

4　フィリピンの姉妹校との関わり──「平和の使節団」

　毎年12月，中学3年生はフィリピンと台湾の姉妹校をそれぞれ隔年で訪れ，

授業への参加，民族舞踏の披露，スピーチ，そしてホームステイというプログラムを実践している。台湾への研修旅行を定期的に行うようになってからはまだ8～10年だが，フィリピンとの関わりは長く，1993年から姉妹校訪問を開始した。フィリピンへの研修旅行において，特記したいことがある。それは，孤児院への訪問と，そこでの子どもたちとの触れ合い，また姉妹校の中でもセブ市にある裕福な家庭の子女が通う学校と，マアシン市の貧困地域にある学校の両校との交流を行うことである（ただし，マアシン市の姉妹校訪問はここ数年実現していない）。本校の姉妹校研修旅行については，生徒たちが「平和の使節団」であることを旗印としている。これは単なる旅行ではなく，また異文化学習の域に留まるものでもなく，姉妹校の兄弟姉妹と触れ合う中で生徒たちが隣人愛を学ぶことを意図している。そして，その経験を活かし，「平和をもたらす人」として成長していくことを目標としているのである。

　この研修がきっかけとなり，生徒会社会福祉委員の呼びかけによって学資支援募金が始まった。寄付金は「松徳スカラシップ」として，フィリピンの貧困地域に住む姉妹校に送られる。この奨学金制度は多くの生徒たちに平等な教育を受けることを可能にした。

　「松徳スカラシップ」は開始後30年経った現在も継続中である。また，この活動に触発された文化部は，2008年からバングラデシュ奨学援助募金活動も行っている。本校の教育目標を具体化したものとして，自負したい例である。

　また二年に一度，フィリピンにある11校の姉妹校から数校が研修団を組み，本校を訪れる。ホストファミリーとして名乗り出た本校在校生宅や教職員宅は，言葉のハンディキャップを越えて食事の世話から市内観光まで行うので，さぞかし苦労もあるだろうと想像する。しかしわずか数日間に，ホストをお父さん，お母さんと生徒たちが呼ぶほど，互いの親交は深まるのである。出発の朝，バスに乗り込む生徒たちの目に涙が光る。すべてを受け入れる，と決めた瞬間から，人と人の間の壁は消滅する。それを生徒，保護者，教職員は身をもって感じているに違いない。

マザーテレサ孤児院で子どもたちと交流

　ところがこの二年間は，中学生活の中で最も重要な教育活動の一つ，海外研修旅行を断念している。姉妹校訪問が目的で本校に入学してくる生徒も少なくないだけに，非常に残念である。コロナ感染拡大防止に伴う国境閉鎖に関しては緩和されてきたが，2020年度に続き，本校は2021年度も渡航は控えると決定した。両年度とも行先は日程を短縮した，島根県と山口県への旅である。ただし海外へは行けなくても，ここでできることはたくさんある。「国際教育」を実践することも不可能ではない。一つは，2007年ユネスコ世界遺産に登録された石見銀山や秋吉台などの自然を目の当たりにし，体感すること。また，山陰特有の風習や人情に触れること。そしてキリスト教司祭と一緒に，津和野の乙女峠まで殉教の足跡を辿ること――。

　果たして，これを本校の「国際教育」にどう関係づけるのか。これについては次の項で触れてみたい。

5　ユネスコスクール加盟に向けて

　ユネスコスクール加盟を目指すために，本校が加盟に向けての「チャレンジ

期間」を開始したのは2019年だった。当初加盟の目的は，世界182か国11,500校のユネスコスクール・ネットワークの一員になり，海外との繋がりを強化することだった。海外交流の機会を持つことによって，本校生徒たちに国際感覚を身に付けて欲しい，と願ったからである。しかも島根県における加盟校はわずか2校である。中国地方でも数少ないユネスコスクール加盟校とあっては，本校の認知度も上昇するだろう，との，振り返れば浅薄な動機もあった。しかしながら活動を開始した時，「チャレンジ期間」が際限なく続くとは全く予想していなかったのである。

　文部科学省の記述によると，「ユネスコスクールは，ユネスコ憲章に示されたユネスコの理念を実現するため平和や国際的な連携を実践する学校です。文部科学省及び日本ユネスコ国内委員会では，ユネスコスクールを ESD の推進拠点として位置付けています」とある。ESD（Education for Sustainable Development；持続可能な開発のための教育）が学習指導要領に位置づけられてから久しくなるが，島根県内においては ESD を積極的にカリキュラムに取り入れている学校は多くない。ただ，ここ数年SDGs（Sustainable Development Goals；持続可能な開発目標）の一般的認知度が上がるにつれ，SDGs を達成するための教育が ESD である，との認識は深まってきた。ユネスコスクールのチャレンジ期間を開始するにあたり，松徳学院はユネスコスクールの4つの基本分野の中の「環境教育」に焦点をあてた。それまで本校が積極的に取り上げていなかったテーマである。島根県松江市という地域における環境学習は，「水」をおいて他にないと考え，選んだ。
　島根県には，国際的に重要な湿地として，ラムサール条約に登録された宍道湖・中海があり，そこへの流入・流出河川は，我々の日々の生活と密接な関係を持っている。これらの環境を守ること（「海の豊かさを守ろう」(SDGs14)「陸の豊かさも守ろう」(SDGs15)），水を主体とする地元産業を支え，健全な循環型社会を作ること（「住み続けられるまちづくりを」(SDGs11)），高齢者や国籍の違う人々と協力し合いながら地域の課題解決をしていくこと（「すべての

人に健康と福祉を」（SDGs3）「人や国の不平等をなくそう」（SDGs10））の３点を意識し，そしてSDGs16番目のゴール「平和と公正」の実現に向けて，この二年間事前学習，体験学習，振り返りのワークショップ，考察，発表というサイクルを行ってきた。通常問題がなければ，一年間で終了するはずのチャレンジ期間を，延々と二年間続けてきたのである。理由は，コロナ禍のため加盟の最終判断を行うユネスコ本部が‘Until further notice；追って通知があるまで’閉鎖になってしまったからである。チャレンジ期間である，無いに関わらず，持続可能な開発のための教育を遂行することは言うまでもないが，加盟という明確な指標が見えない中での活動は，学校の士気が下がる恐れもあった。そのような状況下にありながらも，水草刈りや宍道湖流入河川の水質調査，清掃作業等の体験が弾みとなり，「次はこんなことをやってみたい」「これについてもっと知りたい」という気持ちが，生徒の中に芽生えてきたことは大きな成果だった。

次のようなエピソードがある。本校近隣地区の河川の清掃活動をした中学部の生徒たちは，一緒に作業をした自治会の方々に作業後，インタビューをした。この方々の長年の努力のおかげで，底が見えないほど汚染されていた川に生き物が戻ってきた話など，生徒は目を輝かせて聞いた。後日，その地区を管轄する公民館の館長からお礼の連絡を受けた。川がきれいになったことに対する礼ではなかった。館長の言葉はこうだった——川を守るのは今や，70代，80代の高齢者のみになったが，それでもなんとかこなしている。その人たちに，あなたの学校の生徒たちは名字で呼んで話しかけ，一緒に働いてくれた。このことがきっかけで，自治会の人たちがとても元気になったのです——。

館長の言葉を生徒に伝えたが，それをどう彼らが捉えたのかはわからない。おそらく何年も経ってから，自分たちの小さな行いが世界平和の種蒔きをしていたことに気づくだろう。

海外研修や，国際ボランティア，またユネスコスクール・ネットワークへの参加等は，「国際性」を身に付ける意味では早道かもしれない。だが，「チャレンジ期間」に地域や大学，NPO法人，県庁または市役所の方々と関わることによって，地域には解決しなければならない課題がたくさんあることに，まず

宍道湖流入河川の水草刈り。水草は肥料として再利用した

生徒は気が付いた。その課題を解決することによって，次はどこに繋がるのか。何のために解決しなければならないのか──。教師の役割は生徒の心を揺り動かすことだ。この揺さぶりが意識の変容への起爆剤となり，彼らの思考に連鎖を引き起こす。地域に向けられていた視線が世界へと広がっていく。このようなプロセスを経ることによって，時代を切り開く力を持った生徒を育てることができる。これが本校の取り組む「国際教育」と言えよう。

　2021年6月末，ユネスコスクール事務局よりメールが送られてきた。加盟手続きが再開されることになった，との知らせだった。そして，チャレンジ期間終了の可否判断のための資料提出締め切りは7月31日とあった。二年間に行ったSDGs活動に合わせて，本校が長年実践している福祉の取組み，異文化交流の実績など，膨大な量の資料整理に直ちに取り掛かった。専門家の先生方に何度も助言を仰いだ。その結果，活動内容の評価の観点10項目を全て満たし，支援大学からは激励の推薦文を書いていただいた。続いて日本ユネスコ国内委員会へ活動報告書を提出し，現在は審査結果を待っているところである。本書が出版される頃にはおそらく，ユネスコスクールの一員として新たなチャレンジ

を開始している頃ではないだろうか。そうであることを念じている。

6 松徳学院のこれから

「松徳学院はどんな生徒を育てたいのか」——。2019年筆者が校長に就任して間もなく，教職員からこの問いが投げかけられた。「人間教育」「国際教育」という教育理念は分かっているが，具体的にその内容は何なのか明確にしたい，という思いからだった。それを受け職員会議後の時間を充てるなどしながら，半年以上かけて全教職員で議論を行い，その結果次の四つを「目指す生徒像」として掲げると決めた。

①松徳生としての誇り

　　思いやりと感謝の心を持ち，他者に奉仕・貢献することができる。

②自己の能力を生かす力・学びに向かう力

　　向上心を持って生涯学び続ける姿勢を持ち，目標達成に必要な知識や技能を身に付けている。

③正しい判断をする力・論理的に伝える力

　　つねに「なぜか」を考える習慣を身に付け，状況に応じて他者に自らの考えを論理的にわかりやすく伝えることができる。

④時代を切り開く力

　　多様化する地域社会の中で自ら課題を見つけ，課題解決につながる価値観や行動をグローバルな視点に立って生み出し，持続可能な社会を作り出していくことができる。

本校が育って欲しいと願う生徒像は，これらを全て踏まえた上で，自らを地球共同体の一員として捉え，この中で何ができるかを問い，新しい価値観を生み出す姿である。

「当校は『人間教育』『国際教育』という教育理念を通し，ユネスコスクール活動を『地球市民としての自覚を持った人間力を養う場』として捉え，ユネス

コスクールの活動の実践を通して，『平和と公正を世界にもたらす次世代の担い手を育む』ことを目指しています」——ユネスコスクール加盟に当たりこのように宣誓した。これこそがまさに松徳学院が養いたい「国際性」なのである。

　長い目から見た実りある人生を送る——これが本校の教育の根幹にある。何のために異文化を学び，体験するのか。たとえそれが日本国内であっても，何故，自分の町で，また訪問先で人々と触れ合い，その思いを理解することを試みるのか。それは世界中に平和と平等をもたらすため，という究極の目的を持っている。ポストコロナが望めないなら，ウィズコロナを甘受して，これからも本校は「国際教育」を意欲的に継続していきたいと思っている。

参考文献

ASPnetユネスコスクール："ユネスコスクールについて"
　https://www.unesco-school.mext.go.jp
BBC News JapanオックスフォードCOVID19政府対応追跡調査（BBCリサーチ）
松江市統計データベース
　ntoukei.city.matsue.shimane.jp
松徳女学院『創立25周年記念誌』1980
松徳女学院中学校高等学校『国際教育　50周年記念誌』2004

特別寄稿

オンライン学習で求められる資質・能力

南山晃生○みなみやま　てるお

はじめに

　世界を巻き込んだ新型コロナウイルス（COVID-19）によるパンデミックが起き，世界中で子どもたちが学校での学習ができなくなった。日本でも国や自治体の指示を受け全国の学校で一斉臨時休校の措置が取られ，学校での教育活動ができなくなり，家庭での学習を余儀なくされた。

　新学期になっても入学式もできず，2020年5月に学校が再開されたものの，分散登校で学級を分割して授業を行い，グループ活動をしない，遠足や修学旅行は中止，歌を歌ったりリコーダーを吹いたりしないなど学習の方法や内容が大きく制限された。また，友だち同士で密にならない，対面で給食を食べないなど，これまで当たり前に行われていたことができなくなり，子どもたちの学習を保障するために学校の9月入学が現実に論議されるなど，学校の常識がことごとく覆される事態となった。

1 「GIGAスクール構想」とオンライン学習

　このような状況の中，学習保障のため，学習用端末を使ったオンライン授業が注目されるようになった。2019年12月に文部科学省は Society 5.0時代を生きる子どもたちのための，ICT を活用した教育スタイルの実現を目指した「GIGAスクール構想」を打ち出していた。「GIGA」は「Global and Innovation Gateway for All」の略で，「全ての人のためのグローバルで革新的な入り口」を意味する。具体的には，小中学生の子どもたち１人ひとりにパソコンを，全国の学校に高速大容量の通信ネットワークを整備し，「全ての子どもたちが自分の特性に適した創造性を育む教育を実現すること」である。

　GIGAスクール構想は2023年の達成を目標とし，2020年より４年かけて行われる計画が，新型コロナ流行により，オンライン授業の必要性が出てきたため，2020年度中の完了を目指し，前倒しで実施されることとなった。文部科学省令和２年度「学校における教育の情報化の実態等に関する調査結果」（速報値）によると，「GIGAスクール構想」の進捗状況は，2021年７月末時点で，全自治体等のうち 1,742自治体等（96.1％）が児童生徒一人に１台の学習用端末の整備が済み，70自治体等（3.9％）で整備が完了できていない状況であるが，2022年４月以降にはすべての自治体で整備が完了するようである。もう少し具体的には，公立小学校の84.2％，公立の中学校の91.0％は全学年で，公立小学校の11.9％，公立中学校の5.5％は一部の学年で端末の利活用が進んでいるようである。また，学習用端末の持ち帰りを実施している公立小中学校は，平常時で25.3％，緊急時で64.3％。公立小中学校の約４分の３が平常時の持ち帰りを実現できていないが，51.0％の学校が持ち帰り実現に向けた準備を進めており，将来的には公立小中学校の４分の３が学習用端末を持ち帰れるようになるようである。

　また，文部科学省による先の調査（速報値）によれば，「教材研究・指導の準備・評価・校務などに ICT を活用する能力」について，「できる」「ややできる」

と回答している教員の割合は 86.3%，「授業に ICT を活用して指導する能力」70.2%，「児童生徒の ICT 活用を指導する能力」72.9% であり，10年前のそれと比べると教育活動に ICT を活用できる教員の割合は増加している。

　新型コロナの感染が収束し，子どもたちが笑顔で登校し，普通に語り合える学校の日常が戻ってくることを切に願っているが，安寧な日々がずっと続くかは不確かであり，2011年には東日本大震災が，他にも毎年のように台風や大雨が，各地に被害をもたらし，避難生活を余儀なくされる事態が発生している。新型コロナの感染も，拡大と収束を繰り返して，今後どのように推移するか見通しが立たない。

　学習用端末の活用は，端末操作の習得，通信環境の整備，情報モラルの指導など解決しなければならない課題はあるが，学校に登校できない状況であっても，オンラインで学習を保障する一つの有効な手立てとなるであろう。今後，高速大容量の通信ネットワークの整備が進められれば，学校教育でのタブレットの活用は格段に進むことになり，それに伴い学校での対面授業を基本としつつ，家庭におけるオンライン授業も併用して，オンライン授業が当たり前に行われるようになるであろう。オンラインを活用し効果的に学習を進めていくためには，学習者である子どもたちにも一定の資質や能力が求められる。

2　教室での対面授業

　学校の教室で行われている授業は，通常30〜40人の子どもと教師，子どもと子どもの間のコミュニケーションにより展開されている。具体的には，教師が問いを発し子どもが挙手し，教師は児童生徒を指名し，指名された子どもが答える。子ども同士の間でも意見を交流するなどのコミュニケーションが行われている。このようなコミュニケーションを繰り返しながら授業は進んでいく。また，個人やグループで活動する時間もあり，教師は個人やグループに対して，学習が進むように様々な働きかけを行い，個別にコミュニケーションする。また，教室で行われるコミュニケーションは，発言する子どもと教師の間だけではな

く，友だちの意見を聞いて考えたり，問題について隣の子と相談したりするなど，教室全体で行われている。このようにコミュニケーションを通して，学習内容の理解をはかり知識や技能として身につけ，その定着を図りながら授業が進んでいく。

　教室では，子どもと教師，子ども同士がコミュニケーションし相互作用しながら授業が進められていると述べた。授業では子どもたち一人ひとりは様々な認識や感情，意思を持って主体的に参加している。同時に，子どもたちは様々な背景や特性を持った子どもたちで構成された学級という環境によって，本人が気づかないうちに制約を受け，受動的に自己調整を行っている。これが「教室の空気」を作る。同じ学級でいつも同じ「教室の空気」があるのではなく，教科により，教師により，時には天候によっても「教室の空気」は変わることがある。何がきっかけでどのように変化が生じるかは，事前にだれも知ることはできない。教室での対面授業は通常このようにダイナミックに展開されている。オンライン学習で，このような授業は可能であろうか。

3　オンライン学習

　小中学校で実際にオンライン学習に取り組まれているケースはまだ少なく，その知見もあまり蓄積されていない。オンラインによる学習は，学習用端末と通信環境があれば，いつでもどこでも受講することができるということが大きな特徴である。

　オンライン学習では，学級のメンバーが一堂に会さなくても受けることができ，集団が苦手な子どもも参加しやすい。実際，不登校や不登校傾向の子どもが，オンラインで授業に参加したということも聞く。また，実際に対面で行われた授業の録画やビデオ教材を配信すれば繰り返し視聴し復習することができるという利点もある。

　また，オンライン学習は自宅等で周りに友だちがいない環境の中，自分ひとりで学ぶことがもう一つの特徴である。学校では，時間割や様々な約束事があ

りそれに従って学校生活を送っている。家庭の方針によって異なるであろうが，多くの場合，オンライン学習での約束事は学校より緩く自由度が高いように思われる。画面の前に座って，授業に参加しているようであっても，慣れてくると途中でお菓子を食べたり音楽を聴いたりすることもできる。授業にどのように参加するかはすべて個人に任され，教師が指示したことに子どもたちが取り組んでいるかなど，一人ひとりの授業への参加の様子を把握することは難しい。

　また，教室では当たり前に行われている子ども同士のコミュニケーションの機会がオンラインでは限られる。グループセッションができるシステムも用意されているが，各グループでの話し合い等の活動に対して，教師が関わり働きかけることにも限りがある。さらに，教室では他のグループの様子を感じながら自分たちのグループの学習を調整することも行われているが，オンラインではグループ活動をしながら，他のグループの状況を知ることは難しく，前節で述べた対面授業のような展開は難しいと思われる。オンライン学習でも円滑なコミュニケーションが進められるよう，対面授業で学級内の子どもたち同士の関係を作り，グループでの話し合いの方法を身に付けさせておきたい。

　オンラインという活動自体のおもしろさに動機づけられ，学習に取り組むこともある。しかし，内容が難しくよく理解できなかったり何度やってもうまくできなかったり，友だちとの関係が希薄な中では，学習への興味・関心を失い，学習が進まないこともある。大切なことは学習に対して動機づけられていることであり，子どもたちの動機づけを高める方向で支援することが求められる。

4　動機づけ

　動機づけ（motivation）とは，「行動や心の活動を開始し，方向付け，持続し，調整する心理的なプロセスである」（上淵・大芦，2012）。動機づけには，人を行動しようとする気持ちにさせ，目標に到達しようと前向きな感情を出させたり，その行動を持続させたりする機能がある。

　動機づけには，内発的動機づけ（intrinsic motivation）と外発的動機づけ

（extrinsic motivation）の２つの区分があり（上淵・大芦，2019），内発的動機づけは，「これは面白そうだ，やってみたい」など，興味や関心，楽しさに代表される活動自体を目的とした動機づけであり，外発的動機づけは，「大切なことだから，しないと困るからする」など活動自体とは直接関係のない目的を達成するための手段としての動機づけである。

　学校での学習では，内発的動機づけが大切であるとされ，子どもたちの興味・関心を引き出すような授業研究が盛んに行われているが，内発的動機づけですべての学習が行われることは難しい。カリキュラムが決まっており興味や関心が持てない内容であっても，決められた内容を決められた時期に学習することになっており，むしろ外発的動機づけによって学習が進んでいくことが普通であろう。

　外発的動機づけの理論として，「有機的統合理論」がある。ロチェスター大学のデシ＆ライアン（Deci & Ryan）が提唱した「自己決定理論」（Self-determination Theory）では，動機づけの個人差を仮定し，その個人差は，自律性，有能感，関係性という３つの基本的心理欲求が満たされているかどうかによって生じるとしている。自己決定理論は，６つの下位概念から構成されており，有機的統合理論はその下位概念の一つの理論である。

　「有機的統合理論」では，活動の理由に相当する動機づけの概念として，調整スタイル（regulational style）を想定する。活動の理由の内容によって，活動の価値をどの程度自分のものとしているかを判定し，動機づけを次のように細分化している。

・外的調整（external regulation）

　「これをしたらご褒美がもらえる」や「このことをしなければ怒られる」など報酬の獲得や罰の回避，または「やることは，決まっていることだから」など社会的な規則などの外的な要求に基づく動機づけを表し，従来の典型的な外発的動機づけにあたる。

・取り入れ的調整（introjected regulation）

　「よくできる子と思われたい」や「友だちに負けたくない」など自我拡張

や他者比較による自己価値の維持，「馬鹿にされたくない」や「できない子と思われたくない」など，恥の感覚の回避などに基づく動機づけである。消極的であるがその行動の価値を部分的に取り入れているという特徴がある。

・同一視的調整（identified regulation）

　「自分のためになるから」や「将来の役に立つ」など活動を行う価値を自分のものとして受け入れている状態を表す動機づけである。外的調整，取り入れ的調整よりも自律性は高い動機づけであるが，これも外発的動機づけの一部とされている。

・統合的調整（integrated regulation）

　それをすることが自己像の重要な部分となっている，自分の価値観，必要性，アイデンティティなどと調和のとれた選択的行動をとる心理状態を指す。最も自律的な外発的調整で，この調整が，最も内発的動機づけに近いものであるとされている。

　外発的動機づけは以上のように4つに区分されているが，その他に，「無調整」「内的調整」も設定されている。

・無調整（non regulation）

　自律性が全く存在しない状態である。活動に全く価値が見出されていなかったり，その活動をしていても望ましい結果が得られないと思っていたりすることによって，行為しようとする意図が全く欠如している様子を指す。

・内的調整（intrinsic regulation）

　行為に従事することそれ自体が目的となっており，活動の目的に意義や価値が見出されている心理状態を指す。

　これらの調整スタイルは自律性の高い順に，内的調整，統合的調整，同一視的調整，取り入れ的調整，外的調整と一次元上に並び，概念上隣接する調整スタイル同士は関係が強く，概念上離れたもの同士では関係が弱くなるというシンプレックス構造と呼ばれる関係にある（上淵・大芦，2019）。

　さらに，自己決定理論で想定されている動機づけは，活動に対する因果の所

図1　有機的統合理論で想定されている動機づけの概念図
（上淵・大芦，2019，図2-2 より一部改変）

在の観点から，外的調整と取り入れ的調整を統制的動機づけ，同一視的調整と内的調整を自律的動機づけと分類することができる（上淵・大芦，2019）。

　このように，学習を支える人の動機づけは多様である。子どもの動機づけを高めるには，興味・関心を高めればよいと考えられるが，この自己決定理論はそのような見方だけではとらえきれない新たな視点をもたらしてくれる。

　外発的に動機づけられた活動や価値を自己の中に取り込んでいくこと（内在化という）で，統制的動機づけから自律的動機づけへ動機づけのスタイルを移行させ，高めていくことが求められる。様々なかかわりの中で，動機づけの自律化を支援していくことが肝要になってくる。その一つとして，関係性を導入して，内在化を促進するということが考えられる。先生が好きだから，その先生が受け持つ教科も好きになることがある。これなどは，関係性により内在化が促された例と言える。

　子どもたちに自律的動機づけが高まり，学ぶこと自体を楽しいと感じたり学ぶことの意義を理解したりして学習に取り組んだとしても，内容が難しくて努力しても理解できないことが続くようなことがあると，途中で投げ出してしまうことも考えられる。そのような状況を乗り越え，所期の目的を達成させるためには自分の気持ちをコントロールし，最後までやり抜くことが必要となってくる。

5　非認知能力──自制心（我慢する力）・「GRIT」（やり抜く力）

　OECD（藤原・河村, 2019）では，非認知能力を「社会情緒的スキル」とし，「長期的目標の達成」，「他者との協力」，「感情を管理する能力」の下位カテゴリが示されている。

　1998年に改訂された学習指導要領では，「生きる力」を［確かな学力］，［豊かな人間性］，「健康と体力」の３つを構成要素として設定し，その一つの「豊かな人間性」（自らを律しつつ，他人とともに協調し，他人を思いやる心や感動する心など）は非認知能力である。「生きる力」の理念は，今回改訂された学習指導要領にも引き継がれている。また，育成を目指す「資質・能力の３つの柱」として①知識及び技能，②思考力，判断力，表現力等，③学びに向かう力，人間性等が示されている。

　これを学力の「氷山モデル」に対応させて考えると海面の上にある部分が「知識・技能」（見える学力），海面下の上層部分を「思考力・判断力・表現力等」（見えにくい学力），海面下の深層部分を「学びに向かう力・人間性等」（見えない学力）と見立てて最下層を「非認知能力」と理解することができる。非認知能力は，これら「豊かな人間性」や「学びに向かう力・人間性等」と重なる部分

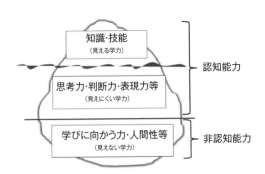

図２　氷山モデルから見る学力の三要素
（溝上慎一「（用語集）非認知能力」HP をもとに筆者作成）

があり，近年，我が国の教育において注目を集めている。

　自制心（我慢する力）や「GRIT」（やり抜く力）は，テスト等で測定し，数値化できる知的な能力（認知能力）に対して，非認知能力と呼ばれる。他に目標に向かって頑張る力，自律性，他者への配慮，コミュニケーション能力などが非認知能力に該当すると考えられている。

（1）「我慢する力」――自制心 ……………………………………………

　コロンビア大学のウォルター・ミチェル教授は「マシュマロ実験」を行った。この実験は，スタンフォード大学内の保育園で，186人の4歳児にマシュマロを差し出し，「食べてもいいけれども，大人が部屋に戻ってくるまで我慢できれば2つにしてあげます」といって大人は部屋を退出する。そして15分後に大人が部屋に戻ってくるまで待てるのかどうかというもので，この結果で，「自制心」を計測したのである。186人の被験者のうち，15分間我慢して2つのマシュマロを手に入れられた子どもは全体の約3分の1であった。

　実験を受けた子どもたちの追跡調査を行ったところ，2つめのマシュマロを手に入れた子どもは，手に入れなかった子どもに比べて，後の学力や収入，健康状態までもよく，長期的な目標を設定し，それを追求し，達成することに喜びを感じるような自立した大人になっていることが分かったというものである。自制心は，将来の成功につながったり，様々な活動を支えたりする大切な力である（中室，2017）。

（2）「やり抜く力」――GRIT（グリット）……………………………………

　もう一つ，非認知能力として，ペンシルベニア大学の心理学者，アンジェラ・ダックワース教授が提唱した「GRIT（グリット）」理論がある（ダッグワース，2016）。

　米国陸軍士官学校（ウエスト・ポイント）は，大学進学適性試験で高得点を獲得し，かつ高校の成績も抜群に優秀な者でなければ入学できない。しかし，男女問わず，「志願者総合評価スコア」の高低に関わらず，厳格な審査をクリ

アし入学を許された士官候補生の内，5人に1人は中退してしまう。途中で辞めていった者たちは，才能がなくて辞めたのではない。重要なのは「絶対にあきらめない」という態度であり，特に大切なのは，挫折した後の「継続」である。

また，同教授が，中学校の数学の教師をしていたとき，最初はなかなか問題が解けずに苦労していた生徒の中に，予想以上に良い成績をとった生徒が何人もいた。成績がよく伸びた生徒は，欠席もせず，忘れ物もせず，授業中にノートをしっかりとり，よく質問もし，理解できない問題でもあきらめずに何度も挑戦したという。

これらのことからダッグワースはある重要な能力に気づいた。それがGRITである。

GRIT（グリット）とは，

・Guts（度胸）：困難なことに立ち向かう能力

・Resilience（復元力）：失敗しても諦めずに続ける力

・Initiative（自発性）：自分で目標を見つける力

・Tenacity（執念）：最後までやり遂げる力

の頭文字をとったもので，「やり抜く力」という意味で使われる。GRITは，一つのことに専念し失敗しても諦めない「情熱」と，自分で設定した目標にずっと集中し続ける「粘り強さ」の2つを重要な要素としている。

オンライン授業は，家庭等で学習者がひとりで受けることになる。そのため教師の目が届きにくく，周りの友だちがどのようにしているか知ることは難しい。個人の自由の幅が広く，授業とは関係ないことをしていても咎められることは少なく，授業への参加状況はすべて自分に委ねられる。だから，自分をコントロールする自制心や諦めずやり遂げるGRITのような非認知能力が大切なのである。

おわりに

今後，学習端末や高速大容量ネットワークが整備され，オンライン授業も学校での授業と併用され，当たり前に行われるようになることが考えられる。オ

ンライン学習をスムーズに進めるためには，学習端末の操作やトラブルに対応することなど，様々なスキルを身に付ける必要がある。オンライン学習を支えるものとして，動機づけを高めることや，自制心やGRITなどの非認知能力を身に付けさせることの重要性について述べてきた。知識は常に更新され，使われなくなった知識は忘れ去られてしまう。しかし，自制心やGRITのほか，協調性やコミュニケーション能力，規範意識など，非認知能力には様々なものがあり，これらの力は，学習に取り組むために必要な力であるだけでなく，日常生活や社会生活を営む上でも重要な力であり，将来にわたって生きて働く力である。オンライン学習は，非認知能力を培う絶好の機会としてとらえたい。

参考・引用文献

赤堀侃司著・監修『オンライン学習・授業のデザインと実践』ジャムハウス，2000

アンジェラ・ダックワース著，神崎朗子訳『やり抜く力　人生のあらゆる成功を決める「究極の能力」を身につける』ダイヤモンド社，2016

藤原寿幸・河村茂雄「小学生のGrit（やり抜く力）と学級適応・スクールモラール・ソーシャルスキルとの関連の検討」『早稲田大学大学院教育学研究科紀要 別冊』27号-1，2019

国立教育政策研究所『非認知的（社会情緒的）能力の発達と科学的検討手法についての研究に関する報告書』2017

溝上慎一の教育論（用語集）非認知能力

　http://smizok.net/education/index.html

文部科学省「学校における教育の情報化の実態等に関する調査」2021

中間玲子編著『自尊感情の心理学——理解を深める「取扱説明書」』金子書房，2016

中室牧子「2つの重要な非認知能力『自制心』と『GRIT』」リクルートマネジメントソリューションズ，2017

　https://www.recruit-ms.co.jp/issue/interview/0000000566/?theme=career

杉尾宏編著『教育コミュニケーション論——「関わり」から教育を問い直す』北大路書房，2011

上淵寿・大芦治編著『新・動機づけ研究の最前線』北大路書房，2019

特別寄稿

●

「総合的な探究の時間」における
カリキュラム・マネジメントの推進

大阪府立夕陽丘高等学校の取組み

●

網代 典子○あじろ　のりこ

はじめに

　2022年度より高等学校では新学習指導要領が年次進行で実施となる。それに先駆け 2019年度より「総合的な探究の時間」が先行実施されている。新学習指導要領では育成すべき資質・能力の 3 つの柱として，①知識及び技能　②思考力，判断力，表現力等　③学びに向かう力，人間性等を掲げ，主体的・対話的で深い学びの実現をめざしている。

　総合的な探究の時間は，変化の激しい社会に対応し，探究的な見方・考え方を働かせて，横断的・総合的な学習を行うことを通して，自己の在り方生き方を考えながら，よりよく課題を発見し解決していくための資質・能力を育成することを目標としており，これからの時代においてますます重要な役割を果たすものとされている。

　「探究」の実践は，文部科学省におけるスーパーサイエンスハイスクール（平成14年度より）やスーパーグローバルハイスクール事業（平成26年度から令和

２年度）等により既に行っている学校もあり，その成果は広く知られているところである。筆者の所属する高校でも「探究」の先行実践を行ってきた。

1　実践校の概要

実践校である大阪府立夕陽丘高等学校は，1906年（明治39年）に創立され，2021年度に創立115年を迎える伝統のある学校である。1995年（平成７年）には，大阪府内の公立高校で唯一の音楽科（１学年１学級）が設置され，生徒数は913名（普通科20学級，音楽科３学級），ほぼ全員が大学等への進学をめざしている。

実践校では，「自ら考え，行動できるように自主自律の心を育む」「幅広い教養を身に付け，一人ひとりが自己実現を達成できる力を養う」「国際的視野を持ち，社会の変化に対応できるグローバル人材を育成する」「国際最高レベルの音楽教育を推進する」を教育の４本柱として位置付け，生徒の可能性を引き出す教育活動を行っている。

2016年度（平成28年度）からは，総合的な学習の時間を「夕陽学」と称し，「学校を知る，地域を知る」「アジアを知る」「世界を知る」をテーマに探究的な活動に取り組み，2019年度（平成31年度）より総合的な探究の時間として取組みを発展させている。

2　研究の概要

実践校の生徒は，一般的に従順で，明確な目標があれば，目標達成に向かって学習する力は有しているが，自分の可能性を自分で伸ばす力や粘り強く妥協せずに取り組む力が弱く，物事を論理的・批判的に捉えたり，体系的に整理・思考する力はそんなに高くはない。当然，探究活動を充実させるためには，教員の支援が必要となってくる。

実践を行うにあたって，校内推進体制の整備，目標設定及び全体計画を策定

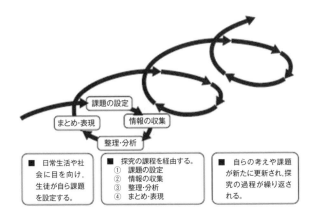

図1　探究における生徒の学習の姿（文部科学省，2018）

するとともに，各学年1単位で設定している「総合的な探究の時間」（以下，「夕陽学」と称する）における取組み内容を，1年生では，「問いの設定と論証」「情報リテラシー」「情報発信」をベースに探究の基礎を学び，2年生では，各教科が講座を設け，生徒が興味・関心のある講座に所属し，ゼミ形式で自ら課題を設定し探究活動を行い，3年生では，2年間で身につけた探究の力（思考力，表現力，協働する力）を用いて，いくつかの探究に取り組む中で，進路実現に向けた自己の在り方を考えることとした。「生きる力」を身につけ，特に学びを人生や社会に生かそうとする学びに向かう力・人間性等の涵養について，研究指定校ではない，一般的な学校で行ってきたカリキュラム・実践のマネジメントを，2020年度の「総合的な探究の時間」の取組みを中心に以下に報告することとする。

（1）校内推進体制の整備……………………………………………………………

　組織として「夕陽学委員会」を設置し委員長を任命制とした。構成メンバーは教頭，首席，委員長をはじめ各学年の担任を合わせた12名である。委員会の役割は，3年間の探究活動の全体計画の立案と，探究を通してすべての学習

の基盤となる具体的な資質・能力が育まれるよう，教科・科目等を超えた学習活動を調整することである（図2）。

図2　「夕陽学」と各教科の位置づけ

（2）目標の設定及び全体計画……………………………………………

　生徒に付けたい力として，各教科に共通していることは，基礎的・基本的な「知識・技能」の確実な習得だけではなく，社会の新たな変化の中で主体的に学び続ける姿勢や自律的に学習を継続する力の育成，論理的な思考力・判断力・行動力の育成に加えて，自ら問題を発見し，課題を解決する力の育成である。加えて新学習指導要領では，各教科に探究的な要素が盛り込まれる。そのため，

　・本校として探究活動を通して育成したい力を明確にする

　・学校全体で取り組むことができるよう組織体制を整える

　・各教科の探究に関わる活動を，整理して「夕陽学」で共有する

こととし，まず目標を以下のとおりとした。

　①自ら課題を見つけ，自ら学び，自ら考え，主体的に判断し，よりよく問題を解決する資質や能力を育成する

　②プレゼンテーションを中心とした活動の中で，学び方やものの考え方を身につける

　③課題に取り組む中で疑問を持ち，探究活動に主体的，創造的，協働的に取り組む態度を育てる

　「夕陽学」の位置づけを，探究学習単独ではなく，各教科を結び付けて整理し，教員全体で取り組むことで，各教科との結びつきを実現していく。

　各教科で行われている探究活動の例を表1で，「夕陽学」の指導計画の概要を表2に示す。

表1　各教科における探究活動の例

教科・科目	内容
情報：社会と情報	SDGｓに関するプレゼンテーション（情報検索，発表資料の作成，引用に関すること）
社会：現代社会	ディベート（情報収集，立案，反論）
英語：コミュニケーション英語Ⅰ	スピーチ・自由英作文（根拠の提示，例示）

表2　指導計画の概要

〈第1学年〉

前期	後期
探究基礎	フィールドワーク 最終発表

・探究を進めるうえで必要な知識や考えるための技法などを育成する。

・「大阪」のエリアでフィールドワークを行い、年度末に最終発表を行う。

〈第2学年〉

前期	後期
ゼミ形式の探究活動	中間発表 最終発表

・各教科が開講するゼミを選択し，グループに分かれ1年を通して探究活動を行う。

・中間発表，及びそのフィードバックを踏まえて探究活動を進め年度末に最終発表を行う。

〈第3学年〉

前期	後期
探究発展	探究発展

・担当者が探究活動を位置づけた講座を開講する。

・1年次，2年次の探究基礎・ゼミ活動で身に付けた探究の力を用いて、全4回の探究活動を行う。

（3）「夕陽学」における教科横断的な展開 ……………………………………

【1年次】

　1年次に取り組んだ探究基礎の年間計画を表3に，ワークの内容を表4に示す。

　9月から数名のグループ単位で「夕陽丘での高校生活を充実するために」，様々な観点から探究のテーマを設定し，仮説を立て，それぞれの検証方法の考

表3　年間計画（1年次）

時期	内容	ワーク
4, 5月	・オリエンテーション	1～4
	・説得力のある文章を書く	
6, 7月	・情報の扱い方	2～8
	「夕陽丘高校について知ろう」	
	教員へのインタビュー	
8, 9, 10月	・探究とは	9～12
	解決課題と仮説，論証ワーク	
	・解決課題と仮説設定	
	・検証方法考案	
	・調査，フィールドワークの準備	
10月29日	大阪フィールドワーク	
11月	・情報の処理	
12月	・発表準備	
1月	・クラス発表（1月14日）	
	・研究個人レポート作成	
	・2年生の発表会に参加（1月28日）	
2月	・最終発表（クラス代表による）	

表4　ワークの内容

No	内容	No	内容
1	カタカナノカタチ・ニテルカタカナドンナカナカナ	7	データーを入手する
2	自由研究と探究の違い	8	研究ジャンルを決める
3	探究に必要な心構え	9	深めていきたい疑問を決めよう！
4	説得力のある文章を書く	10	課題設定
5	文章を読み取る	11	仮説の設定
6	データーを読み取る	12	研究手法を考える

察に取り組み，10月には大阪フィールドワーク（以下，「FW」という）を実施した。探究のテーマは大別すると，施設に関すること，学校生活に関すること，能力開発に関すること，音楽に関すること，その他となり（テーマ・領域は表7）。担当教員は，課題解決に向けた指導を行うのではなく，調査の内容，方法や進め方を支援する役割が主となった。生徒は調

表5　年間計画（2年次）

時期	内容
4，5月	オリエンテーション
	受講講座の調査
6月から8月	講座開講
	探究活動
9月	各講座における中間報告
10月から1月	探究活動
1月	最終発表
2月	2年間のまとめ

査活動を円滑に行うため事前に研究企画書の作成，アンケート・インタビューの進め方などを学習した。

【2年次】

2年次に取り組んだゼミ形式の探究活動の年間計画を表5に，講座テーマを表6に示す。

1年次で探究の基礎を学んだ生徒は，それぞれの興味・関心に合わせて講座を1年間受講し，その中で自分の探究のテーマを設定する。各講座では担当教員から講義や指導助言を受けながら研究を進める。

表6　講座テーマ

講座	テーマ
国語1	言葉を超える『コトバ』たち　～私たちの生活に密着している言葉を再考し，表現する～
国語2	言葉を超える『コトバ』たち　～私たちの生活に密着している言葉を再考し，表現する～
社会1	会社を設立しよう！
社会2	京都・大阪・奈良の観光プランを考えよう！
数学1	新しいトランプゲームの考案
数学2	魔方陣の考察
理科1	再生・再利用
理科2	再生・再利用
英語1	効果的な英語の学習法探究とその実践
英語2	外国語（英語）作品の分析
保健体育1	バリアフリースポーツ「男女・障がい者・健常者の垣根を越えて楽しめるスポーツを考える」
保健体育2	バリアフリースポーツ「男女・障がい者・健常者の垣根を越えて楽しめるスポーツを考える」
芸術（音楽）	フィルムスコアリング概論：映像と音　～視覚と聴覚のインタラクションを読み解く～
家庭科	さまざまな食品で天然酵母を培養し，パン・ド・カンパーニュを作る
情報	PythonでIOTやってみよう！　～上手にググりながら，やれることを増やす～

　2年次の探究の担当教員は，専門性を生かし指導するとともに，生徒の疑問
や発案に対して，解決に導く方法や内容を深める支援を行った。
〈研究テーマの一例〉
　・キャッチコピーのあれこれ　　　　・チョークの再生＆脱色
　・ミュージカル映画における歌の効果　・「酵母菌」育てました！
　・日本と海外の映画ポスターの違い
　1月に実施した最終発表は，70班（1つの班は4〜5人）を4つのグループ
に分け，20教室を使用して行い，研究の継続性を考え，1年生も興味のある発
表を見学できるようにした。

（4）「夕陽学」における人的・物的資源の活用 …………………………
　「夕陽学」を充実した活動にするためには，校内だけでなく外部の方の支援
が必要であった。大阪FWでは，学校（大学，高校），地域，企業をはじめ様々
な個人・団体の方にご協力をいただいた。表7にその状況を示す。

3　分析と考察

（1）生徒へのアンケート結果………………………………………………
【大阪FW】
（対象：2020年度1年生318名，回答者数：304名，回答率：95.6％）
　当日は9時に学校を出発し，14時から15時の間に帰校する。図書館にて文
献調査，アンケート・インタビュー調査の実施，実験の実施など調査は多岐に
わたった（表7）。教員18名は，生徒の安全を確保するため調査が実施されて
いる要所（梅田，天王寺，難波等）に分かれ巡回を行った。
　生徒はFWを行うにあたって，自分たちの責任感と自覚をもって，各団体
の方へのアポイントメントや最後のお礼状の作成までやり遂げた。その一連の
学習は生徒にとって大きな刺激となり，自らの考え方や行動を見つめなおすきっ
かけにもなった。事後のアンケート結果を図3に示す。

表7　探究基礎（1年次）のテーマ及び調査団体一覧

大別	テーマ　領域	お世話になった団体
施設関係	食堂関連（密回避，メニュー充実，経営，アイス自販機設置など）	大阪市立大学北食堂，近畿大学，大阪府庁食堂，大阪緑涼高等学校，上宮高等学校，大阪市立大阪ビジネスフロンティア高等学校，大阪府立生野高等学校　など
	更衣室・トイレ（衛生・密回避）	入船温泉，TOTO（関西支社），大阪城ホール
	校内環境（美化・コロナ対策）	あべのキューズモール，通天閣
	Wi-Fiの使用について	天王寺図書館，ミスタードーナツ，スターバックス，マクドナルド
	トレーニングルームをより有効に使うには	ファーストクラストレーナーズ北浜本店
学校生活	授業中寝る人を減らす（シエスタ制度・眠気の除き方）	（株）beyond，福岡県立明善高等学校，大阪大学
	男女平等の制服	トンボ大阪支店
	自転車通学（実情と課題）	大阪府立清水谷高等学校，あべの翔学高等学校
	挨拶について	アウィーナ大阪，上宮高等学校
	夕陽の男子を増やすには	学校説明会においてアンケート
	夕陽に緑を増やそう	咲くやこの花館
	図書館を人気にする方法	ジュンク堂，くまざわ書店，大阪市立大阪ビジネスフロンティア高等学校
	昼休みに地震が起きたらどうしたらよいか	あべのハルカス
能力開発	夕陽生の好奇心を高めるには	キッズプラザ大阪
	自己実現・夢を叶える決め手夢や目標について	MBS：毎日放送，大阪赤十字看護専門学校，常翔学園
	どうしたら楽に階段をのぼれるか	大阪保健医療大学
	学習行動と成績	大阪市立中央図書館（文献調査），大阪府立北野高等学校
音楽関係	クラシック音楽を聴く時間	住友生命いずみホール
	私立高校と公立高校の違い	相愛高等学校，大阪夕陽丘学園高等学校
	舞台裏のお仕事	関西芸術座
	音大生の一人暮らし	大阪音楽大学
	良いコンサートホールとは	住友生命いずみホール，ザ・シンフォニーホール
	気軽に音楽を楽しむ機会を増やすには	LUCUA osakaトキメキ事業部
その他	高校生の犯罪について（防犯）	大阪府警察中央少年サポートセンター
	お弁当のレパートリー	LOFT，東急ハンズ

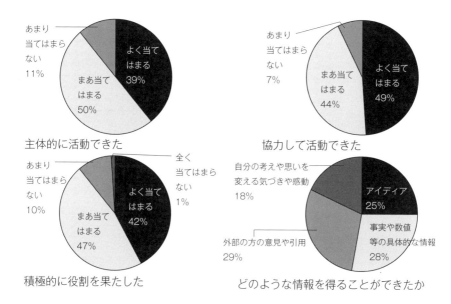

図3　FWについてのアンケート結果

　結果からは，活動に対して主体的，積極的に協働して取り組むことができたことがうかがえる。また，生徒の感想の中には，他校との比較や，企業の視点からみたものの考え方に初めて触れることができ，普段の授業では学ぶことのできない経験をした（90％の生徒が肯定的に回答）とあった。

　FWの結果を含め考察し，1月にはクラスで，2月にはクラス代表が全体に対し発表を行った（図4）。

〈研究テーマの一例〉
・「プロの舞台裏」
・「夕陽丘おひるね大作戦」
・「授業中に寝ないために」
・「WIN－WIN　食堂の経営」

　研究内容については，深まりに欠けるものもあったが，1年生全員が，1年を

図4　クラス発表の様子

かけて課題の設定，仮説を立てる，検証，考察，結論を出すといった探究のプロセスを学ぶことができた。

　また，個々の生徒が研究個人レポートを作成し，その内容を英語のスピーチコンテストにおいて発表したことや，中国の学生とオンラインで学校交流を行う際，自校の取組みとして紹介するなど，深まり，発展をさせることができたと考える。

【2年間の探究活動を終えて】

（対象：2020年度2年生322名，回答者数：316名，回答率：98.1％）

　生徒対象に自分たちにどのような力が夕陽学で身についたと考えているのか，アンケートを実施した。その結果を図5に示す。

　検証する力，正しい情報か判断する力や情報を読み取り，分析する力がついたと感じる生徒は少ないが，当初の目標であった情報収集や物事を深く考える力や協働する力，発表する力については多くの生徒が身についたと感じているようだ。

　生徒の感想には，「日常生活では疑問を持ちながら生活をすることが少ないが，夕陽学を通してあるひとつの事を深く考えて，しっかり学ぶ力が付いた」

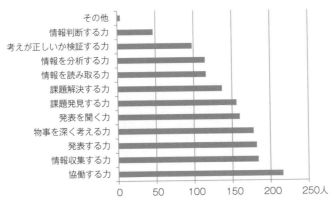

図5　「夕陽学」で身についた力（複数回答）

「自分の興味があることについて，１年間をとおして課題や解決策を考えるなかで，また新たな課題が見つかり，それを自ら考え，そして行動することができた。新しいことを学ぼうとする力が身についた」の記述があった。

（２）今後の課題……………………………………………………………

　実践校では2019年度から授業に生徒のスマートフォン等を活用するBYOD（Bring Your Own Device）に取り組んできた。大阪府が整備したインターネット環境に個人の端末を授業のときだけ安全に接続できる仕組みを考え，大阪府教育委員会の事業として採択され整備をしたものである。そういった校内の環境整備も，この「夕陽学」の充実に繋がっている。

　2021年度，文部科学省のGIGAスクール構想により，大阪府の高等学校に生徒一人一台の端末が配付された。学習指導要領との関連において，探究の過程においては，ICTを適切にかつ効果的に活用して学習活動が行われるように工夫することとされており，ICT活用の特性や強みを生かして学習の質を高めていくことが可能となる。

　また，探究活動によって，学びに向かう力が付いたのかどうか。学習履歴や成長する生徒の姿を確認しながら，その評価についてルーブリックの充実を行い，評価の目安を明確にしていくことが課題である。

　加えて生徒の変容だけでなく，それを支える教員の資質・能力の高まりについても確認しながら，カリキュラム・マネジメントの機能を生かして改善に伴う深化（進化）と継続発展性を追求できるカリキュラム開発を学校内に定着させる必要があると考えている。

引用・参考文献

文部科学省『高等学校学習指導要領（平成30年告示）解説　総合的な探究の時間編』2018

特別寄稿

●

教育課程の「見方・考え方」について

ジャーナリストが用いる「知力」との関連

●

宮坂 政宏○みやさか まさひろ

　2021年度のノーベル平和賞は，フィリピンのジャーナリスト，マリア・レッサ氏と，ロシアの新聞ノーバヤ・ガゼータのドミトリー・ムラトフ氏が受賞したことは記憶に新しい。

　「困難な状況下で事実を記録し，伝えてきた。民主主義と恒久平和の前提である報道の自由」を守り権力の弾圧に屈せず，真実の報道に努めたことが評価された。受賞理由にもある通り，プーチン政権を批判してきたノーバヤ・ガゼータ紙の記者は幾人も殺害されており，ドミトリー・ムラトフ氏は今回の受賞について「言論の自由を守るために死んでいった同僚たちの功績」と明言。奇しくも2021年はプーチン政権批判を行い殺害された同紙の記者アンナ・ポリトコフスカヤ氏の15周忌に当たる。また，レッサ氏は「フィリピンにおける権力乱用，暴力の行使，強権主義の拡大を，明るみに出」したことが高く評価された。

　これも記憶に新しいが，香港では香港国家安全維持法違反を理由に「蘋果

日報」の黎智英氏（創業者）が逮捕され，同紙は2021年6月に廃刊となった。簡単に言えば自らに都合の悪い表現・報道を抹殺するためジャーナリスト・メディアを弾圧する。口封じのためなら人間の命さえ簡単に奪う。平和や民主主義，人権を無視する権力者の所業に殉じるほど，これらのジャーナリストの命は軽くはない。そう思えば思うほどいたたまれない。無念の気持ちで胸がえぐられる。表現の自由，報道の自由は我々人類が永年にわたって築き上げ大切にしてきた社会の大切なシステム・規範であり，人権・平和を守る重要な役割を果たしてきた。今回のノーベル賞は（自戒を込めれば）我々が，この役割を果たすべき使命があることを全世界に訴えたものではなかったか。

　我々は表現の自由，報道の自由の重みがどれほどのものか理解しているのであろうか。今日SNSを用いれば誰もがメディア，誰もが報道の発信主体になれる時代，この「自由」を行使していったい何を表現・報道するのか。また，これは教育とは無縁のものではない。表現することでよりよい社会を形成することは，「各教科等の学びの中で鍛えられた『見方・考え方』を働かせながら，世の中の様々な物事を理解し思考し，よりよい社会や自らの人生を創り出し」（中央教育審議会，2016）という今回の学習指導要領「見方」「考え方」の働かせ方につながる。

ジャーナリズムとは

　ジャーナリスト，と聞けば，今回の受賞者のような報道記者をはじめ，フリーのライター，報道写真家，ドキュメンタリー作品制作者，近年ではWEB・SNSでの発信者等々が次々に思い浮かぶ。大まかには，言葉・映像をはじめとする様々な表現ツールを用いて表現・発信する人，と理解されていると思う。また，ジャーナリストがよって立つ基盤としてジャーナリズムという言葉が広く使われている。なんとなく分かる言葉であるが，今一度整理してみたい。

　ジャーナリズムとは英語ではjournalismと表記され，辞書的な定義では

the work of collecting, writing, and publishing news stories and articles in newspapers and magazines or broadcasting them on the radio and television (*Cambridge Academic Content Dictionary*. Cambridge University Press, 2008) とされる。この仕事に携わる人がジャーナリスト，ということになる。

　また，ジャーナリズムに関する定義・考え方は多くの人があげており，以下，表1に主なものを挙げる。

表1　ジャーナリズムに関する定義・考え方

ジャーナリズムに関する定義・考え方	出典
「世界全体を把握する『疑似環境』を創るもの」	ウォルター・リップマン (1922)
「知力で外界を自己の存在組織に移し変える」メディア＝「人間の感覚と機能を外的に拡張したもの」	マクルーハン（1964）
「一般の大衆にむかって，定期刊行物を通じて，時事的諸問題の報道および解説を提供する活動」	清水幾太郎（1949）
「現在起こりつつあるできごとを，それらの意味が判定できない状態において，未来への不安をふくめた期待の次元においてとらえる」	鶴見俊輔（1965）
「メディアを通じて社会的出来事・事件について報道，論評，報道する主体，もしくはその行為」「ニュース（報道）とレビュー（論評，評論）」	山口仁（2017）

　これらの考え方によれば，ジャーナリズムとは，表2のようにまとめることができるのではないか。

表2　ジャーナリズムとは

事項	説明
対象	一般の大衆
内容（何を）	時事的諸問題，社会的出来事・事件，現在起こりつつあるできごと，外界，世界全体
方法	未来への不安をふくめた期待の次元においてとらえる。人間の感覚と機能を外的に拡張。
目的・狙うところ	報道および解説を提供。知力で外界を自己の存在組織に移し変える。世界全体を把握する「疑似環境」を創る。
手段	定期刊行物，メディア

　これらはさらに大きく2つの視点でくくることができる。

　1つは「社会的装置・形態としてのジャーナリズム」であり，メディアとそれに付随する表現の場・方法から見たジャーナリズムである。清水，鶴見，山口が指摘している，「『マスメディア』(用いる装置) を通じて，時事的諸問題 (伝える内容ニュースなど) を報道・論評・解説 (伝え方) する」ことである。

　もう1点は，上記の装置や伝え方のみならず，伝える側の視点 (情報の価値)，考え方，規範などの表現行為・姿勢でありマクルーハン，リップマンの指摘に従えば「アクター，意識・行為主体としてのジャーナリズム＝ジャーナリスト」とまとめることができるだろう。

　ここでいうメディア＝社会的装置・形態，とは，言うまでもなく「新聞」「雑誌」「情報誌」「書籍」「テレビ」「ラジオ」「写真」「映画・動画」「WEBサイト；ホームページ」「SNS」など多様であり，表現方法・形態としては取材・調査・編集・その他製作を通じ，ニュース・報道などの番組，記事・解説・論説・評論，映像・動画・描画，などの形をとることが多い。これらの行為主体＝ジャーナリストが，記者，編集者，評論家，作家，ブロガー，YouTuber などである。近年の SNS の急伸で誰もがメディア・発信者，となることができ，境界はあいまいになってきている。林 (2002) は「ジャーナリズムという意識の活動は，さまざまな形態のメディアに宿るのであって，かならずしもマスメディアの中だけにあるのではない。逆に，マスメディアにあるジャーナリズムは，それ自体かなり特殊な形態であり，当たり前ではない」と述べているが，全くその通りではないか。ポイントとなるのはこの行為主体が「知力で外界を自己の存在組織に移し変える」(マクルーハン，1987) ことができ，それを発信できるかどうか，であろう。

ジャーナリストが事象を見る視点

　様々なジャーナリストが事象 (外界) をどのような視点でとらえ，発信しているのであろうか。ここでは幾人かの事例をあげたい。

　まずTVキャスターを務めた2人の事例から。

　先ごろまでNHKで精力的に取材し，報道の中心的役割を果たしてきた大越健介氏（現テレビ朝日「報道ステーション」メインキャスター）は，

　「単なる伝達者であろうとは思わない。未熟であっても，時代が求めるメッセージを自分なりに感じ，考え抜き，発信し続ける存在でありたい」

と，その職に対する姿勢について述べるとともに，説得力を持って伝えるため，「気づき」（発見）が大切であること，「気づき」が「一定程度の広がりを持つ性格のものである」（普遍性）こと，「そのニュースが何を意味するかをしっかり追求できているか」（探求）が大切，と述べている（大越，2012）。

　次に，朝日新聞記者，朝日ジャーナル編集長，TBS『筑紫哲也 NEWS23』メインキャスターを務めた筑紫哲也氏は，まず，ジャーナリストとして一番大切なこととして「好奇心」を挙げる。さらに「『目に見えざるもの』」に対しても目を向ける。そういうものを見たいと思う心の動き『心の目』」「『正しい』を疑う」「Think unthinkable」であることを挙げる（筑紫，2005；2009）。

　続けて，様々なメディアで活躍する人たちの言葉から引用してみたい。

　独立系ジャーナリズムの「アジアプレス」野中章弘氏はジャーナリズムの大切な姿勢として①歴史的な文脈で考える，②論理的，合理的である，③事実から出発，④少数者の視点を持つ――の4点を挙げている（野中，2013）。

　また，戦場で活動するジャーナリストは，自らの生命が危機にさらされるのはわかってる。にもかかわらず，戦場に向かい報道する意味について，

　「ジャーナリストにとって紛争の現実は現場にしかない，と考えてきた」（川上泰徳氏・中東ジャーナリスト，元朝日新聞記者；川上，2015）

　「逃げられない人々とできる限り時間を共有して，身をもって実感した『苦痛』『恐怖』『心労』『失望』」を「実感と臨場感をもって届ける。『伝える仕事』から『伝わる仕事』へ」（以上，内藤正彦氏・テレビ朝日ニュースセンター編集長；内藤，2015）と，「現実」に直接入り込む肌感覚の大切さを訴えている。

　編集者の場合はどうか。幻冬舎で社長を務めた見城徹氏は，

　「刺激，その人が無意識に持ってるものを観察しながら，それをどういった

言葉でいったら相手の中で顕在化していくのか」（見城，2009）
と，内面の顕在化であり，マクルーハンの外界の内面化も受けとめは方向こそ
逆だが同じことを述べている。

　共同通信社の記者石山永一郎氏は「伝えるべき内容」か，「どのように伝え
るべきか」に焦点化する。つまり，「ニュースとは自らの価値判断に従ってジャー
ナリストが作り出す。事実そのものを作り出すのは仕事ではないが，時事を構
成して，ニュースという表現形態を生み出す仕事は一人ひとりの主観的な判断
に委ねられている。」「無限のファクトに価値づけを行い，伝えるべきものを選
び取らなければいけない」と述べる（石山，2005）。

　以上，ジャーナリストの仕事にかかわる基本的な考え方について紹介した。

　ここから重要なキーワードを抽出すると，事象への向き合い方，とらえ方で
は「時代が求めるメッセージを自分なりに感じ，考え抜く」「『目に見えざるもの』
に対しても目を向ける」「『正しい』を疑う」「Think unthinkable」「歴史的な
文脈で考える」「少数者の視点」「現実は現場にしかない」「相手が無意識に持っ
てるものを観察し，相手の中で顕在化」「無限のファクトに価値づけ，伝える
べきものを選び取る」こと。発信にあたっては「ニュースの意味」「歴史的な
文脈」「論理的，合理的である」「事実から出発」「少数者の視点」「身をもって
実感した内容を『伝える仕事』から『伝わる仕事』に」「自らの価値判断に従っ
て作り出す」ことだ。

　ところで，冒頭で表現の自由について記載したが，学問的には諸説があると
思うがここでは「報道の自由」「取材の自由」に関し最高裁判所の判例を以下
に紹介したい。

　最高裁判所は「報道機関の報道は，民主主義社会において，国民が国政に関
与するにつき，重要な判断の資料を提供し，国民の『知る権利』に奉仕するも
のである。そのため，思想の表明の自由と並んで，事実の報道の自由は，表現
の自由を規定した憲法21条の保障のもとにある。そして，このような報道機関
の報道が正しい内容をもつために，報道のための取材の自由も，憲法21条の精
神に照らし，十分尊重に値する」（最高裁判決昭和44.11.26：博多駅フィル

ム提出命令事件）と判示している。この中で特筆すべきは報道すなわちジャーナリストが「民主主義社会において，国民が国政に関与するにつき，重要な判断の資料を提供」する，と位置付けていることである。前述の 2016（平成28）年中教審答申でも「各教科等の学びの中で鍛えられた『見方・考え方』を働かせながら，世の中の様々な物事を理解し思考し，よりよい社会や自らの人生を創り出している」と記載されていることとも通底しているのではないか。

ジャーナリストの事実のとらえ方・ものの見方と「見方・考え方」

ここでマクルーハンの「知力で外界を自己の存在組織に移し変える」(1987)という指摘を振り返りたい。すなわち「知力」が無ければ，自分の外にある事象を自分自身が取り込むことができない。さらに言えば，前述のジャーナリスト各氏が指摘したように，「時代」「歴史的文脈」「正しい」といった内容を認知するのは「知力」である。付言すれば，価値を見出したり，付与したりするベースとなるものも「知力」ではないか。これらの「知力」は，学校教育で学ぶ教科，科目なのか。これらを学習することで「知力」として「外界」を「自己の存在組織に移し変え」発信することができるのだろうか。つまり，ジャーナリストの事象に対する見方・考え方，発信に至るプロセスは，現行学習指導要領での学力とどんな関連があるのか「見方・考え方」が盛り込まれた背景を通して考察したい。

今回の「見方・考え方」のもととなった議論は，文部科学省が設置した「育成すべき資質・能力を踏まえた教育目標・内容と評価の在り方に関する検討会」であり，その「論点整理」(2014年3月）の中にみられる。この中で，「教育目標・内容の構造の組み立て方や記述の仕方」等について今後とも追究していく必要性とともに，この検討会での議論を踏まえ，「新たなモデルの構築」を訴えている。

その方策として，以下のア）〜ウ）の三つの視点を候補として捉え，構造的に整理することを例示した。

> ア）教科等を横断する，認知的・社会的・情意的な汎用的なスキル（コンピテンシー）等に関わるもの
>
> ① 認知的・社会的・情意的な汎用的なスキル等としては，例えば，問題解決，論理的思考，コミュニケーション，チームワークなどの主に認知や社会性に関わる能力や，意欲や情動制御などの主に情意に関わる能力などが考えられる。
>
> ② メタ認知（自己調整や内省・批判的思考等を可能にするもの）
>
> イ）教科等の本質に関わるもの
>
> 　具体的には，その教科等ならではのものの見方・考え方，処理や表現の方法など。例えば，各教科等における包括的な「本質的な問い」と，それに答える上で重要となる転移可能な概念やスキル，処理に関わる複雑なプロセス等の形で明確化することなどが考えられる。
>
> ウ）教科等に固有の知識・個別スキルに関わるもの
>
> ○ このうち，ア）の教科等を横断する汎用的なスキル等の重要性について，次期学習指導要領では，その基本的な認識を，総則などにおいて明確化することも検討すべきである。
>
> （育成すべき資質・能力を踏まえた教育目標・内容と評価の在り方に関する検討会，2014）

この議論では，教科の持つ知識，技能・スキルを学ぶことはもちろん，特にイ）の部分で「教科等の本質」「本質的な問い」を挙げている点に注目したい。この背景をさらに掘り下げると，この内容に関連した下記の委員の意見があった。

> 委員意見：
>
> 育成すべき資質・能力と内容は，二者択一的な関係にはなく，両者の関係を考えることは，結果的に学力の構造に関する議論を要請するため，例えば，次の4層で考えてはどうか。

① 領域固有の個別的知識・技能等，

② 教科の本質（その教科ならではのものの見方・考え方，処理や表現の方法等），

③ 教科・領域を超えた汎用技能（generic skills）や意欲・態度等，

④ メタ認知

（育成すべき資質・能力を踏まえた教育目標・内容と評価の在り方に関する検討会，2014）

この②にある通り，その教科ならではのものの見方・考え方が提起され，それが「教科の本質」ととらえている。

さらにイ）の「本質的な問い」に関連して，

「教科ならではのものの見方や考え方が，その教科の対象以外にも有用性や汎用性があるという思考が，イノベーティブなことを考えていく際に大事。教科の可能性を外に広げ，教科の存立意義を強めることにもなる。」（育成すべき資質・能力を踏まえた教育目標・内容と評価の在り方に関する検討会，2014）と提起されている。この議論が「見方・考え方」のベースと考えられる。

「見方・考え方」とは——「総合的な学習の時間」を例に

新たな学びで求められる「見方・考え方」とはどのようなものとなったのか。各教科に割く紙面が無いため「総合的な学習の時間」（以下「総合」）に絞って考えてみたい（本節で断りのない引用は，教育課程部会の資料による）。「各教科等の特質に応じた見方や考え方を総合的な学習の時間で総合的・統合的に活用」「総合的な学習の時間において各教科の見方や考え方を使うことで，多様な文脈で使えるようになるなど，各教科等の見方や考え方が成長し各教科等の『深い学び』を実現」とあり，各教科の「見方・考え方」をベースとしていることも「総合」に絞った理由である。

平成28 年４月25日の生活・総合的な学習の時間ワーキンググループの段階

では小，中，高校ともに，「実社会や実生活の中から問を見いだし，よりよい課題解決に向けて，各教科等の特質に応じて育まれる見方や考え方を総合的に活用」することを求め，

- 小学校＝複数の事象を捉えて考えたり，一つの事象を多様な角度から捉えて考えたり，現実の文脈の中で物事を捉えて考えたり，自分自身の生き方と関連づけたりして捉えて考える。
- 中学校＝各教科等の特質に応じて育まれる見方や考え方を総合的に活用して，(ツール：見方考え方そのものではない)広範な事象を捉えて考えたり(以下，小学校と同じ)，
- 高校では課題解決とともに「新たな価値の創造」を目的に加え，「広範かつ複雑な事象を捉えて考えたり，一つの事象を多様な角度から捉えて考えたり，現実の複雑な文脈の中で物事を捉えて考えたり，自分自身の在り方生き方と関連づけたりして捉えて考えたり」すること，と記載がある。小・中・高校ともに最終的には「物事の本質を探って見極めようとする」ことが求められている。

平成28年6月1日の教育課程部会高等学校部会では，

「各教科等の特質に応じて育まれる見方・考え方を総合的・統合的に活用して，広範かつ複雑な事象を多様な角度から俯瞰して捉え，実社会や実生活の複雑な文脈の中で物事を考えたり，自分自身の在り方生き方と関連付けて内省的に考えたりすること」とほぼ引き継がれている。

この議論が中教審答申（2016）では「『主体的・対話的で深い学び』を通じて，こうした各教科等における概念の習得を確実なものとするとともに，本章3.において述べる『見方・考え方』として，生活や社会の中で活用されるものになることを目指している。」「各教科等の特質に応じた物事を捉える視点や考え方が『見方・考え方』」であるとされた。

上述の「本章3」では「"どのような視点で物事を捉え，どのような考え方で思考していくのか"ということが，物事を捉える視点や考え方」とし，算数・数学科，国語科を例示し「各教科等の学習の中で働くだけではなく，大人になっ

て生活していくに当たっても重要な働きをするものとなる。」（中央教育審議会,
2016）と述べている。

　さらに，この「見方・考え方」は「学びの『深まり』の鍵」であり，アクティブ・
ラーニングの「主体的・対話的で深い学び」にもつながるものである，として
いる。中教審答申（2016）では「『見方・考え方』を働かせながら，知識を相
互に関連付けてより深く理解したり，情報を精査して考えを形成したり，問題
を見いだして解決策を考えたり，思いや考えを基に創造したりすることに向か
う『深い学び』が実現」する，と述べられている。

　実際に，「総合」に関する記述を見てみると

・「総合的な学習の時間においては，『探究的な（探究の）見方・考え方』
　を働かせて，よりよく課題を解決し，自己の（在り方）生き方を考え
　ることを通して，資質・能力を育成する」ことを目標として示す
・「教科横断的に学ぶ総合的な学習の時間において，各教科等の『見方・
　考え方』を働かせることによって，『見方・考え方』は多様な文脈で
　使えるようになるなどして確かなものになり，各教科等の『深い学び』
　を実現することにもつながる」
・「一つの教科等の枠に収まらない課題に取り組む学習活動を通して，
　各教科等で身に付けた知識や技能等を相互に関連付け，学習や生活に
　生かし，それらが児童生徒の中で総合的に働くようにする」
・「多様な他者と協働し，異なる意見や他者の考えを受け入れる中で，
　実社会や実生活との関わりで見いだされる課題を多面的・多角的に俯
　瞰して捉え，考えること。」
・「学ぶことの意味や意義を考えたり，学ぶことを通じて達成感や自身
　を持ち，自分のよさや可能性に気付いたり，自分の人生や将来につい
　て考え学んだことを現在及び自己の将来につなげたりして考えると
　いう，内省的（Reflective）な考え方をすること。特に高等学校にお
　いては自己のキャリア形成の方向性と関連付けながら『見方・考え方』

> を組み合わせて統合させ，働かせる」（中央教育審議会，2016）

　まとめると，「総合」の「見方・考え方」は「各教科等における『見方・考え方』を総合的（・統合的）に働かせて，広範（かつ複雑）な事象を多様な角度から俯瞰して捉え，実社会や実生活の文脈や自己の（在り方）生き方と関連付けて問い続けること」である。

　また，「総合」では，㋐「課題の設定」→㋑「情報の収集」→㋒「整理・分析」→㋓「まとめ・表現」といった探究のプロセスを通して資質・能力を育成する。こうした中で，各教科等の「見方・考え方」を総合的（統合的）に働かせることが学習過程の特徴，とされる。

　ちなみに「深い学び」も，各教科等の特質に応じた「見方・考え方」を総合的に働かせることで個別の知識・技能の関連付け，概念化がなされ，能力は汎用的になり，多様な文脈で使える，という。特に「『㋐課題の設定』の場面で課題を自分事として捉えること，『㋒整理・分析』の場面で俯瞰して捉え内省的に考えるという『探究的な（探究の）見方・考え方』を働かせる」と述べられている。

学習における「見方・考え方」とジャーナリストが用いる「知力」

　すでに読者もお気づきになったのではないか，と思うが，「総合」の「見方・考え方」は，実にジャーナリズムの構造に似ている。ジャーナリストが用いる知力は教科のみならず，一層広い知識・経験であるが，この知力による「気づき」，「心の目」で見出したもの，さらに「価値づけされたファクト」が記事や番組の元となる。企画に基づく紙面づくりや番組作りでは初期の段階では「気づき」「心の目」「価値づけされたファクト」などを総動員して企画の趣旨・目的，テーマの設定を行う。この段階は中教審答申（2016）にある「各教科等における『見方・考え方』を総合的（・統合的）に働かせて，広範（かつ複雑）な事象を多様な角度から俯瞰して捉え」ることや㋐「課題の設定」の段階と同様である。テー

マ，目的・趣旨が決まれば，この実証のため取材を行う。取材したものはさらにデスク等で分析・検討したうえで必要に応じ追取材を実施。編集したうえで記事・番組としてメディアに乗せる。取材は⑦「情報の収集」に当たり，分析・検討・編集，記事や番組としてメディアに乗せるのは⑰「整理・分析」㊀「まとめ・表現」と同様である。マクルーハンの定義から誤解を恐れずに言うなら，「知力」は「各教科等における『見方・考え方』を総合的（・統合的）に働かせ」に当たり，「外界」は「広範（かつ複雑）な事象，実社会や実生活の文脈」，「自己の存在組織への移し変え」のプロセスは「実社会や実生活の文脈や自己の（在り方）生き方と関連付け」ということになるのではないか。

　教科の本質を問い直し，その見方・考え方を働かせて社会に開かれた活用，各個の生きる力育成に生かす，という考え方は，ジャーナリストが実践的に活用してきた「知力」にもつうじるものがある。

参考文献

筑紫哲也「ジャーナリストとは何者か」筑紫哲也責任編集『ジャーナリズムの条件1　職業としてのジャーナリスト』岩波書店，2005

筑紫哲也『若き友人たちへ──筑紫哲也ラスト・メッセージ』集英社，2009

中央教育審議会『幼稚園，小学校，中学校，高等学校及び特別支援学校の学習指導要領等の改善及び必要な方策等について（答申）』2016

林香里『マスメディアの周縁、ジャーナリズムの核心』新曜社，2002

育成すべき資質・能力を踏まえた教育目標・内容と評価の在り方に関する検討会『論点整理』2014

石山永一郎「ニュース・バリューとは何か『何のために伝えるのか』を基準に」筑紫哲也責任編集『ジャーナリズムの条件1　職業としてのジャーナリスト』岩波書店，2005

川上泰徳「紛争地を抱える中東の事実を見る『目』の役割」危険地報道を考えるジャーナリストの会編『ジャーナリストはなぜ「戦場」へ行くのか』集英社，2015

見城徹『編集者という病い』集英社，2009

教育課程部会　高等学校部会　配布資料，2016

教育課程部会　生活・総合的な学習の時間ワーキンググループ配布資料，2016

リップマン，W著，掛川トミ子訳『世論』岩波書店，1987

マクルーハン，M.著，栗原裕・河本仲聖訳『メディア論』みすず書房，1987

内藤正彦「テレビの『危険地取材』はどう変わったか」危険地報道を考えるジャーナリストの会編『ジャー
　　ナリストはなぜ「戦場」へ行くのか』集英社　2015

野中章弘「ジャーナリストという仕事——何を・誰のために報せるか」早稲田大学ジャーナリズム教
　　育研究所編『現代ジャーナリズム』早稲田大学出版部，2013

大越健介『ニュースキャスター』文藝春秋，2012

清水幾太郎『ジャーナリズム』岩波書店，1949

鶴見俊輔「解説　ジャーナリズムの思想」鶴見俊輔編『現代日本思想大系12　ジャーナリズムの思想』
　　筑摩書房，1965

山口仁「ジャーナリズム論と『大衆(マス)』——インターネット社会で活性化する『マスコミ批判』を
　　どうとらえるべきか？」『メディア・コミュニケーション　慶応義塾大学メディア・コミュニケーショ
　　ン研究所紀要』67，慶應義塾大学メディア・コミュニケーション研究所，2017，29-36

あ と が き

　学校教育に対して要求され期待されるものが，時代の進展とともに増大している。現在，小中高等学校のいずれでも新しい学習指導要領の実施が順次始まっているが，いずれの学校段階でも教育内容の増大が著しい。その上GIGAスクールの実現が言われ，学校の教育活動でパソコンや電子教科書を使うなど，ICT（情報通信技術）を活用することも必須の課題である。さらには「主体的で対話的で深い学び」が，また「個別最適な学びと協働的な学び」が改めて求められている。各学校が直面している課題は，まさに山積である。

　学校は本来何を実現すべきところか，教育成果として最重要な意味を持つものは何か，よほど絞り込み焦点化して取り組まなくては，各学校が，各教師が，目前の課題に振り回されるだけになり，疲弊だけが残るおそれがある。本号で「基礎・基本」を特集したのは，こうした危機意識からである。

　基礎・基本に絞り込んで特に重要な意味を持つ教育課題をクローズアップする，といっても，様々なレベルでの，また様々な視点からの検討が必要となる。本号では，各執筆者の方々にそれぞれの立場に立って，こうした絞り込みを提示していただいている。読者の方々には是非とも各執筆者の論を参考にしていただき，学校教育を通じて，また日々の教育活動で，とりわけ優先的に取り組むべき課題について考えてみていただけたら，と願っている。

　優先的に取り組むべき必須の課題が見えないままの「働き方改革」では，学校教育は空洞化してしまうであろう。といって，「働き方改革」を棚上げにして，学校教育に突きつけられている諸課題に万遍なく取り組もうとするならば，校長・教頭から一人一人の教師に至るまで疲労困憊してしまうであろう。

　新しい時代には新しい課題があって当然であるが，教育について言えば，時代を超えて変わらぬ課題を，いささかも見失うことがあってはならない。学校教育の基礎・基本とは，そうした不易の課題のことに他ならない。教育界に身を置く我々皆がここらあたりで少しだけ立ち止まって，こうした本質的な事柄について考えてみる必要があるのではないだろうか。　　　　　　（梶田叡一）

日本人間教育学会News

　日本人間教育学会は，会員の皆様，また，その趣旨にご賛同いただける方々のご協力をいただき，8年目を迎えました。2022年は，昨年に引き続き新型コロナウイルスの影響を受けながらの学会活動となります。感染状況が落ち着いた初冬でしたが，新たな変異株のオミクロン株の感染も見られるようになり，2022年の初頭には，再び感染者数の増加が懸念されております。基本的な感染対策を徹底しながら，可能な限り学会活動を継続いたします。先生方のご理解，ご協力のほど，よろしくお願い申し上げます。

1．日本人間教育学会　第7回大会　開催のご報告
　先号にて告知させていただいた通り，予定の第7回大会はweb上にてオンデマンド配信で開催させていただきました。

【日時】2022年1月22日（土）10:30〜14:00
【午前の部】基調講演：「人間性の涵養をめざして今学校と教師は」
　　　　　　講演者：梶田叡一（日本人間教育学会　会長）
　　　　　　聞き手：鎌田首治朗（桃山学院教育大学　人間教育学部長）
【午後の部】口頭研究発表

　口頭研究発表は，13本の発表希望者を得ることができました。昨年度の第6回大会は中止とさせていただき，本年度の第7回大会もオンデマンド開催と変則的な開催手法となりました。先生方には録画等でご迷惑をおかけいたしましたが，基調講演，口頭研究発表とも，コロナ禍の中でも人間教育学の研究に邁進された先生方の知見を共有する場となったと思います。ご協力いただけました先生方に，感謝申し上げます。次年度の大会もぜひ多くの皆様のご参加をお待ちしております。
　大会の詳細，および発表概要等につきましては，本学会ホームページをご参照ください（https://www.ningenkyoiku.org/7thannualmeeting）。

2．学会誌『人間教育学研究』第8号　投稿申し込み結果につきまして

　学会誌『人間教育学研究』第8号につきましては，投稿申込を2021年12月13日付けで締め切らせていただきました。コロナ禍にも関わらず，14本の論文をご投稿いただきました。現在，査読者により審査を進めさせていただいております。第8号の発刊は2022年3月中を予定しています。

　『人間教育学研究』は創刊号の発刊以来，第7号まで毎年途切れることなく発刊させていただいております。人間教育学に関連する研究知見や教育実践について，多くの先生方のご投稿をお待ちしております。なお現在，ホームページ上からの随時投稿は受け付けておりません。第9号に論文の投稿を希望の方は，日本人間教育学会にご入会の上，投稿受付開始のメールを受信後から，投稿受付の締め切りまでに，所定のメールアドレスに原稿を送付ください。詳細は，学会ホームページをご参照（https://www.ningenkyoiku.org/）の上，学会事務局メールアドレス（ningenkyouiku@gmail.com）まで入会申込書のご送付をお願いいたします。

3．会員情報の更新について

　本学会に登録いただいている学会員情報について，登録時からご変更が生じた際は学会メールアドレスまでご一報ください。特にメールアドレスは，学会情報の送信など学会員の皆様と直接連絡させていただく際に重要です。メールアドレスにご変更が生じた際は，必ず本学会までご連絡いただきますよう，お願い申し上げます。

4．おわりに

　コロナ禍において，ICTを中心とした学びの多様化が加速していくことと思います。時代とともに教育のツールが進化しても，教師自身の学び続ける姿勢の大切さは常に変わりません。人間教育学は，子どもたちの学力保障と成長保障の両全を目指すとともに，教育者自身のあり方も内包します。基礎的・実践的研究を問わず，熱意に満ちた研究，実践の共有の場として，ご活用ください。

（文責：高木悠哉）

日本人間教育学会入会の呼びかけ

この度，人間としての真の成長を願う「人間教育」の実現を目指す教育研究を推進するために，日本人間教育学会を発足することとなりました。

「人間教育」の理想は，子どもたちと教育者双方の人間的な成長を視野に入れた理論と実践の対話によって実現するものであると考えています。この方向での研究は，これまで教育学，教育哲学，教育心理学，教育社会学，教育実践学等々の専門分野で行われてきましたが，本学会は学際的にこうした諸研究の統合的発展を目指していきたいと願っています。

「人間教育」の理想の実現のために本学会は，子どもたちの学力保障と成長保障の両全を目指すと共に，教育者自身のあり方も問いたいと考えています。このことは，師弟関係における師たるものの生き方，あり方を根本的な意味で重視するものであり，教育者自身の人間的な面での研鑽を目指すことでもあります。

日本の教育は，常に厳しい教育的課題と向き合い，それに真摯に取り組む中で進んできました。そうした中で，ときに日本の学校，教師は，時々の教育的課題や教育の流行に翻弄されることもありましたが，私たち日本人間教育学会は，教育の万古不易の面を強く意識し，一時の流行に流されることのない主体的思考を堅持して教育課題や教育問題を考えていきたいと願っています。日本人間教育学会は，複雑で重要な教育問題，教育的課題ほど，単一の正解はないという教育の特質を踏まえ，この国の未来が教育の中にこそあるという熱い思いを堅持し，学校，教師の疑問や悩みと真剣に向き合う学会として進んでいく決意をしています。そのため，学校と教室における教育成果にこだわり，教育学研究を基礎研究から重視することと共に，研究者と実践者の対話，コラボレーションによる授業提案や日本の教育に求められる実践，取組の提案も重視します。

このような本学会の趣旨に賛同し，共に自身を謙虚に磨く決意に満ちた教師，大学教員の方々に広く入会を呼びかけます。

　みなさん，日本人間教育学会に入会し，教育のあり方の根本に思いをいたし，研究者として，また教育者として，共に自らの人間性を磨き合っていこうではありませんか。

日本人間教育学会　入会申込書

※会員番号 ☐ ☐ ☐ ☐ ☐

申込日　　　年　　月　　日

※幹事会記入欄

会員種別*	正会員　・　学生会員	入会年度	年度

	姓（Last name）	名（First name & Middle name）	
名　前			印
名前（カナ）			
名前（英字）			
生年月日	西暦　　年　　　　月　　　　日	性　別*　　　　男　・　女	
連絡先*	所属　・　自宅	＊会員種別・性別・連絡先は該当するものを〇で囲んでください ＊連絡先は、会報等の送付先となります	

◆所属先◆

名称・学部 （部署）		職名	
所在地	（〒　　　―　　　）		
	TEL	内線：	FAX

◆自宅◆

住　所	（〒　　　―　　　）	
	TEL	FAX

◆メールアドレス◆　※携帯電話のメールアドレスは登録できません。

E-mail	

◆学歴◆

最終学歴		西暦　　　　年 卒業 修了
専門分野		

◆指導教員◆　※学生会員として申し込む方は、指導教員の情報をご記入ください。

お名前	
所　属	

日本人間教育学会幹事会（桃山学院教育大学内）
〒590-0114　大阪府堺市南区槇塚台4-5-1
TEL：072-288-6655（代）
FAX：072-288-6656
担当：宮坂政宏　MAIL：miyasaka@andrew-edu.ac.jp

日本人間教育学会会則

〈名称〉

第1条　本会は，日本人間教育学会と称する。

第2条　本会の会務を遂行するために幹事会と事務局を置く。幹事会と事務局は，当分の間会長所属の大学内に置く。

〈目的と事業〉

第3条　本会は，子どもたちと教育者の人間としての成長を願う「人間教育」の実現のため，教育に関わる諸学，例えば教育哲学，教育心理学，教育社会学，教育実践学等々の学際的対話，諸研究の統合的発展を目指し，日本の教育課題に正対し，子どもたちの学力保障と成長保障を目指し，子どもたちと教育者それぞれが〈我の世界〉を生きる力と〈我々の世界〉を生きる力の双方の涵養，研鑽を目的とする。

第4条　本会は，前条の目的達成のために次の事業を行う。

　　(1) 学会誌『人間教育学研究』と『教育フォーラム』の編集発刊

　　(2) 研究発表会，講演会等の開催

　　(3) その他の必要な事業

〈会員〉

第5条　本会の会員は次の4種とする。

　　(1) 正会員

　　　　本会の目的に賛同し，会長の承認のもと，所定の会費を納めたもの。

　　(2) 学生会員

　　　　将来教員を志す学部（短大・専門学校を含む）の学生，また真摯に本学会で自己研鑽を目指す志のある学生で，指導教員の承諾を得て，会長の承認のもと，所定の会費を納めたもの。

　　(3) 賛助会員

　　　　本会の趣旨に賛同する団体で会長が認めたもの。

　　(4) 特別会員（特別顧問）

　　　　本会の充実・発展に特に寄与するものとして，会長が認めたもの。

　2　本会に入会しようとする者は，必要事項を記入した申込書を事務局に提出し，会長の承認を経て会員として認められる。学生会員については，指導教員の承諾印が必要である。

　3　退会しようとする者は，文書によりその旨を事務局に申し出，会長の承認を経て，当該年度末をもって退会とする。なお，所定の会費を2年以上納入しない者は，

退会となる。

第6条　本会の会員は，学会誌『人間教育学研究』に投稿し，また研究発表会その他の行事に参加することができる。投稿規定は別に定める。

第7条　本会の正会員，特別会員は，学会誌『人間教育学研究』と『教育フォーラム』の配付を受けることができる。学生会員と賛助会員は，学会誌『人間教育学研究』の配付を受ける。また，学生会員は正会員，特別会員の指導助言を受けることができる。

〈役員〉

第8条　本会に，次の役員をおく。

　　⑴ 会長

　　⑵ 幹事長

　　⑶ 理事

　　⑷ 幹事

　　⑸ 学会誌『人間教育学研究』編集長

　　⑹ 監事

　2　会長は，本会を代表する。

　3　会長は，幹事長，理事，幹事，学会誌『人間教育学研究』編集長を任命する。

　4　会長に事故ある場合には，予め会長が指名した順にその職務を代行する。

　5　会長は，理事会の招集，開催を必要に応じて行う。理事会は，会長から提案された年間の予算，決算，事業計画，事業報告を議する。幹事会は，理事会の議を経た年間の予算，事業計画を遂行する。

　6　幹事長は，会長の指示の下，幹事会を構成し，本会の運営にあたる。なお，必要に応じて事務担当をおくことができる。

　7　監事は会計，及び事業遂行の監査にあたる。監事は会長が委嘱する。

　8　役員の任期は2年とし，会長は役員任期終了前に次期役員を任命し，定期総会で報告する。なお，各役員の再任を妨げない。

第9条　本会に幹事会をおく。

　2　幹事会は，前条第1項第4号の委員並びに事務担当をもって構成し，幹事長がこれを代表する。

　3　幹事会は，学会誌『人間教育学研究』発刊に対して必要な意見を編集長及び編集委員に述べ，発刊が円滑に行われるようにする。

　4　幹事会は，会長の指示を受け，幹事長の下，日常の学会活動を効果的，円滑的に運営する。

第10条　本会は，学会誌『人間教育学研究』と『教育フォーラム』を発刊する。

　　　2　会長は，学会誌『人間教育学研究』編集長を任命する。学会誌『人間教育学研究』
　　　　は，編集長と，会長が任命した編集委員によって行う。その際，会長の指示を
　　　　受けた幹事会の意見を生かし，円滑に発刊できるようにする。

　　　3　会長は，『教育フォーラム』を編集する。幹事会は，会長の指示を受け，『教育
　　　　フォーラム』を円滑に発刊できるようにする。

〈総会〉

第11条　本会は第3条の目的を達成するために，年1回，日本人間教育学会総会を開催す
　　　　る。また，会長が必要を認めた場合には臨時総会を開く。総会は正会員，学生会員，
　　　　賛助会員をもって構成し，議事は正会員出席者の過半数の同意をもって決定する。

〈会計〉

第12条　本会の経費は，会員の会費及びその他の収入による。

　　　2　本会の会費は，付則の定めるところによる。

　　　3　本会の会費は，前納するものとする。

　　　4　本会の会計年度は4月1日より翌3月31日までとする。

〈改正〉

第13条　本会則の改正は，会長が行い，総会において発表する。

【付則】

　　　1．会費は，以下のものを納める。

　　　　正会員　　　　5,000円

　　　　学生会員　　　2,500円

　　　　賛助会員　　　一口10,000円

　　　2．本会則は，平成27年10月18日より発効する。

192

●執筆者一覧 （執筆順）

梶田叡一（かじた・えいいち）　　　　　日本人間教育学会会長・聖ウルスラ学院理事長

鎌田首治朗（かまだ・しゅうじろう）　　桃山学院教育大学人間教育学部学部長・教授

湯峯　裕（ゆみね・ひろし）　　　　　　桃山学院教育大学人間教育学部教授

二瓶弘行（にへい・ひろゆき）　　　　　桃山学院教育大学人間教育学部教育監・教授

金山憲正（かなやま・のりまさ）　　　　奈良学園大学副学長

菅井啓之（すがい・ひろゆき）　　　　　元京都光華女子大学こども教育学部教授

渡邉規矩郎（わたなべ・きくろう）　　　桃山学院教育大学人間教育学部客員教授

今西幸蔵（いまにし・こうぞう）　　　　高野山大学文学部教育学科主任兼特任教授

善野八千子（ぜんの・やちこ）　　　　　奈良学園大学人間教育学部特任教授・桐蔭学園理事

阿部秀高（あべ・ひでたか）　　　　　　森ノ宮医療大学保健医療学部教授

古川　治（ふるかわ・おさむ）　　　　　桃山学院教育大学人間教育学部客員教授

梶田めぐみ（かじた・めぐみ）　　　　　松徳学院中学校・高等学校校長

　　　　　　　　　　　　　　　　　　　学校法人松徳学院理事長

南山晃生（みなみやま・てるお）　　　　前大阪府箕面市立東小学校校長

網代典子（あじろ・のりこ）　　　　　　大阪府立夕陽丘高等学校校長

宮坂政宏（みやさか・まさひろ）　　　　桃山学院教育大学企画室長（兼担講師）

　　　　　　　　　　　　　　　　　　　大阪市立大学大学院博士後期課程

教育フォーラム69

基礎・基本に立ち返る

2022年2月28日　初版第1刷発行　　　　　　　　　　　　　　　　　　検印省略

責任編集　　　　梶田叡一
編集©　　　　　日本人間教育学会
発 行 者　　　　金子紀子
発 行 所　　株式会社　金子書房
　　　　　　〒112-0012　東京都文京区大塚3-3-7
　　　　　　TEL 03-3941-0111　FAX 03-3941-0163
　　　　　　振替　00180-9-103376
　　　　　　URL　https://www.kanekoshobo.co.jp
印刷／藤原印刷株式会社
製本／一色製本株式会社

ISBN 978-4-7608-6019-7 C3337　　　　　　　　　　　　　Printed in Japan